IMAGES DE
LA FRANCE

IMAGES DE LA FRANCE

JEAN-LOUIS HOUDEBINE

Introduction de
THEODORE ZELDIN

GRÜND

Vaux-le-Vicomte Sous les couleurs tendres des ciels d'Ile-de-France, les jardins dessinés par Le Nôtre ornent toujours de leurs parterres et de leurs fontaines le superbe château que se fit construire autour de 1660 Nicolas Fouquet, alors surintendant des Finances et grand amateur d'art. La Fontaine et Molière étaient de ses amis, ainsi que Le Brun, qui se chargea de la décoration des appartements. Autant dire que tout un idéal de beauté classique a trouvé ici à se réaliser : cette noble composition de figures et de formes a la majesté rythmique d'un grand poème en alexandrins.

Page 1 Le pont du Gard
Page 2 Vallée de la Loire, paysage
Page 6 Versailles, emblème du Roi-Soleil

GARANTIE DE L'EDITEUR

Pour vous parvenir à son plus juste prix, cet ouvrage a fait l'objet d'un gros tirage. Malgré tous les soins apportés à sa fabrication, il est malheureusement possible qu'il comporte un défaut d'impression ou de façonnage. Dans ce cas, ce livre vous sera échangé sans frais.
Veuillez à cet effet le rapporter au libraire qui vous l'a vendu ou nous écrire à l'adresse ci-dessous en nous précisant la nature du défaut constaté. Dans l'un ou l'autre cas, il sera immédiatement fait droit à votre réclamation.
Librairie Gründ - 60 rue Mazarine - 75006 Paris.

Texte original de Jean-Louis Houdebine
Texte original de l'introduction de Theodore Zeldin
Adaptation française de l'introduction de Jean-Louis Houdebine

Première édition française 1991 par Librairie Gründ, Paris
© 1991 Librairie Gründ pour l'édition française
ISBN : 2-7000-5210-2
Dépôt légal : avril 1991
Edition originale 1991 par Reed International Books Limited sous le titre original *Images of France*
© 1991 Reed International Books Limited
Photocomposition : Compo 2000, Saint-Lô
Imprimé par Mandarin Offset, Hong Kong

Introduction

La France qui m'intéresse le plus est celle qui n'est pas immédiatement visible. J'aime à découvrir l'émotion dans les clous et le ciment qui assurent la cohésion de son auguste patrimoine. Il ne me suffit pas de passer en voiture dans un village pour en conclure, à l'aspect de sa rue principale, que l'endroit est ou non suffisamment pittoresque pour s'y arrêter. Les apparences extérieures sont un camouflage. Les maisons se cachent derrière leur style régional, que les touristes viennent habituellement reconnaître et admirer. Je vois quant à moi dans ce style une manière d'avertissement : ne pas déranger, ne pas regarder trop fort. Se conformer à un style, cela revient à vouloir éviter d'être remarqué. Je ne puis oublier qu'une grande partie de l'histoire a été dominée par la peur du mauvais œil. La plupart des façades disent : je ne tiens pas à être incommodée par des étrangers. A l'occasion, pourtant, elles annoncent sans gêne : regardez-moi, je peux défier mes voisins, les gens peuvent penser ce qu'ils veulent, là est le message que je veux faire passer. Tout édifice, aussi humble soit-il, est témoignage d'une lutte, d'un triomphe, de quelque vague fierté.

Aussi ne saurais-je m'en remettre aux guides touristiques pour qu'ils me disent où aller — et pas seulement parce qu'ils ne se donnent pas la peine de mentionner tant et tant de villages sous prétexte que le touriste n'y trouvera rien pour lui. Leurs critères ne sont pas les miens. Ils croient que leurs lecteurs s'intéressent plus à ce que l'œil peut voir, qu'aux sons et aux odeurs ; aux bâtiments inertes plus qu'aux êtres vivants ; aux lieux associés aux événements historiques, plus qu'aux individus de la masse anonyme — et moins encore à leurs rêves.

Droit sur l'église ou le château : tel est l'ordre des guides touristiques ; s'il y a de l'industrie lourde dans les alentours, ils le mentionnent en s'excusant. Or, les établissements industriels m'intéressent, même s'ils sont extérieurement laids. La France abonde en ateliers et hangars où naissent d'extraordinaires innovations : on peut y rencontrer des gens merveilleusement originaux.

Les guides supposent que ce qui intéresse le plus un touriste en France, du moins dans l'immédiat de son voyage, c'est de savoir où manger et dormir. Or, bien que ces délices comptent à coup sûr parmi les plus justement célébrés de ce pays, j'avoue que ce qui m'intéresse bien davantage, c'est qu'on me dise où je puis avoir une bonne conversation. Parmi les réalisations de la civilisation française, l'invention des salons littéraires est l'une des plus remarquables : c'est là que les femmes interdirent aux hommes d'être des fâcheux parlant boutique, et les persuadèrent de discuter de façon générale de sujets d'intérêt universel.

La France est par excellence un pays où l'on aime causer. La nourriture et le vin n'y produisent pas seulement des plaisirs sensuels : ils encouragent les gens à parler plus noblement. Les explications d'un cuisinier ou d'une cuisinière sur sa passion pour la cuisine sont souvent aussi mémorables que son pintadeau au bourgogne et au lard fumé ; la chaude rhétorique de l'aubergiste compense souvent le confort modeste de la chambre à coucher. Je n'ai jamais eu l'impression que deux Français me disent la même chose, même en utilisant les mêmes mots. Chaque salutation a ses nuances, et chaque nuance de politesse est nourriture pour la pensée.

La France est ainsi pour moi, avant tout, un pays de surprises, un jardin merveilleux de l'inattendu. Derrière chaque façade, aussi banale soit-elle, il y a une âme vivante, et donc un mystère. Se contenter de ranger individus ou demeures dans des classifications régionales, c'est manquer l'essentiel.

Peut-être les guides sont-ils aussi réducteurs en raison de ce qu'ils croient qu'il n'est pas facile d'entrer en conversation avec un Français. Celui-ci a la réputation de ne pas être accueillant, contrairement à l'Américain souriant qui paraît davantage disposé à inviter un étranger chez lui. Je pense que cette opinion a eu du vrai dans le passé. Une explication partielle de ce phénomène est que les Français avaient une conception exagérée de ce qu'on se doit d'offrir à un invité : un repas se devait d'être un banquet, un festin préparé durant des heures, voire des jours, sauf à voir l'hôte déshonoré. Mais ces dernières décennies, les Français sont devenus plus décontractés, et leur curiosité à l'égard des étrangers, leur désir de mettre en pratique leurs nouvelles aptitudes dans les langues étrangères, ont considérablement augmenté. On a appris que plus de la moitié d'entre eux aimeraient inviter des touristes à déjeuner ou à dîner ; que 60 % aimeraient avoir une aventure amoureuse avec un(e) touriste étranger(e) ; 80 % seraient heureux de servir de guides aux étrangers visitant leur région. Je propose que pour le lancement de la nouvelle Europe, en 1993, ces aspirations se concrétisent en un grand geste symbolique : chaque famille française volontaire enverrait une carte d'invitation, bordée de bleu-blanc-rouge et portant l'emblème de la République, invitant à déjeuner une famille étrangère. Cela ferait davantage pour faire connaître la vraie France, que toutes les banales publicités touristiques qui encombrent les magazines et les panneaux-réclames.

Le paysage français ne m'inspire pas que des sensations esthétiques. Quand je le contemple, je ne vois pas seulement ce qui y est, mais aussi les gens qui ne s'y trouvent plus. De manière extraordinaire, ce qui le caractérise aujourd'hui, c'est le très petit nombre d'êtres humains vivants qu'on y rencontre. Naguère, c'est l'inverse qui frappait les visiteurs. Il s'agissait alors du pays le plus peuplé d'Europe. Alors que l'Angleterre de Shakespeare ne contenait que cinq millions d'habitants, la France en avait déjà vingt millions. Ces champs interminables du Poitou, par exemple, plantés sur des kilomètres de tournesols et seulement fréquentés par un rare tracteur, étaient autrefois réellement habités, ainsi que nous le rappellent les ruines désertes des chaumières rurales. Les routes désertes étaient alors parcourues par une foule étonnamment variée d'artisans, portant sur l'épaule leurs outils spécialisés, et par les paysans de Balzac, portant dans leur tête le désir obsédant d'acheter cette précieuse terre. Il y a maintenant plus d'un siècle que cette passion a commencé à décliner, que presque chaque mètre carré de la terre de France a cessé d'être imaginairement désiré, convoité, intimement connu dans le moindre détail de ses multiples qualités. Quand je regarde les montagnes photographiées dans ce livre, je me rappelle que ce que je vois était autrefois ressenti comme terrifiant. Les montagnes étaient hostiles à l'homme. Rien n'y poussait, ou alors elles rendaient la vie difficile à ceux qui tiraient une maigre subsistance du mouton ou de la chèvre. Passant son temps environné des esprits dangereux peuplant ces régions désolées, le berger était souvent soupçonné d'être un sauvage, vivant à l'écart de la civilisation normale. La grande révolution du paysage se produisit au même moment que la Révolution française, quand les Romantiques chamboulèrent les idées des gens en leur suggérant que les montagnes étaient belles, que leur solitude avait quelque chose de divin. Il convient de rappeler que chaque génération regarde la nature à travers des lunettes différentes, et que le tourisme ne s'élève à la dimension de l'art que quand on en porte à la fois plusieurs paires.

Le paysage qu'on peut voir aujourd'hui n'est pas entièrement celui de la nature. Les hommes ont beaucoup fait pour le transformer. Notre volonté actuelle de protéger la beauté de l'environnement me semble incomplète. Je vois aussi le paysage tel qu'il était avant les développements urbains et industriels des tout derniers siècles : la civilisation rurale vers laquelle nous sommes tentés de nous retourner avec nostalgie, n'entretenait pas toujours avec la nature des rapports de coexistence pacifique : il s'agissait aussi d'une guerre lente, contre l'ombre et la vie sauvage des forêts en particulier. Arbres et haies ont longtemps été les victimes de la croissance démographique de l'humanité.

Ainsi, la région du Nord-Pas-de-Calais nous apparaît comme un paysage plat, quelque peu lugubre, mutilé par l'industrialisation, flétri par les crassiers. Le Conseil régional a récemment mis sur pied une commission chargée de prévoir un nouvel avenir pour ce qui était autrefois une ruche d'activité prospère, et qui est maintenant une des régions les plus pauvres de France. Invité à participer à cette commission, j'ai proposé que le Nord-Pas-de-Calais recrée à neuf son paysage, au lieu de se contenter de protéger le nombre limité de ses beautés restées intactes et de contrôler la pollution. Un paysage reflète les aspirations de ses habitants autant que les dons de la terre. A mon avis, l'avenir de cette région flétrie doit être pensé à l'heure non seulement européenne, mais internationale, sauf à la voir lentement saignée à mort ; en l'espace d'une vie humaine, elle a perdu un demi-million de jeunes gens : il y a ailleurs des emplois plus attractifs. L'une des conséquences de l'union de l'Europe pourrait bien être la désertification de certaines régions, tandis que d'autres deviendront d'énormes conurbations de banlieues sans fin.

J'ai suggéré que des arbres du monde entier, pouvant s'adapter au climat nordique, soient plantés, avec art, pour créer de nouveaux horizons, de nouvelles ondulations, juxtapositions de couleurs et de formes, susceptibles de composer un paysage qu'on ne trouverait nulle part ailleurs. La commission a adopté cette recommandation. Sera-t-elle jamais appliquée ? Il est bon que dans une démocratie la communauté ait en tant que telle l'opportunité de participer en toute conscience à la création de son environnement. Tout comme un édifice, un paysage a droit lui aussi à une plaque commémorant ceux qui y ont vécu. Ses habitants y ont presque toujours ajouté ou supprimé quelque chose, altérant la faune tout autant que la flore. Ce n'est pas seulement l'industrie qui abîme un paysage. A une génération seulement de nous, l'Avesnois était une importante région productrice de pommes. Elle fut abattue par la Golden Delicious, alors massivement introduite dans le Sud et plus habilement commercialisée. Aux alentours de Lille existe aujourd'hui un merveilleux musée vivant de la pomme, où sont conservées 600 variétés dont très peu sont actuellement vendues dans les boutiques. Dans les jours anciens, les pommiers avaient la possibilité de pousser dans les prairies, côte à côte avec les vaches y paissant. Ils en sont maintenant séparés. La prochaine mode du paysage pourrait bien être d'y mêler davantage différentes sortes de végétation.

Quand je lis dans un guide touristique que la forêt de Paimpont, en Bretagne, mérite la visite pour ce qu'elle est mentionnée dans les légendes du roi Arthur, j'aurais bien voulu que l'auteur y eût indiqué combien avaient changé au cours des siècles les animaux, les oiseaux et les insectes qui la peuplaient. Mais évidemment on en connaît encore moins sur leur histoire que sur la nôtre. Personne ne peut nous donner, par exemple, de statistiques sur la hausse et la baisse de la population des mouches en France. Il y a deux siècles, dans nombre de régions méridionales, elles régnaient en reines tyranniques, ou du moins en brigands impérieux.

L'ennui, quand on se fait montrer la France par ses habitants, c'est qu'ils n'imaginent jamais qu'ils sont eux-mêmes intéressants : ils veulent toujours vous emmener voir le musée ou le monument ancien local. Quand j'interroge les individus sur eux-mêmes, ils sont surpris que je puisse trouver quoi que ce soit de mémorable dans leur vie, dont ils supposent qu'elle est tout ordinaire. Comme je ne puis ici parler d'eux individuellement, je donnerai trois exemples de gens qui selon moi méritent particulièrement le détour. Les monuments les plus exceptionnels seront bientôt en France les paysans. Qui va les remplacer ? Ce n'est pas évident. A la veille de la Seconde Guerre mondiale, un tiers des Français étaient paysans ; seule une petite proportion des 6 % de ceux qui travaillent maintenant dans l'agriculture peuvent être appelés paysans, car le mot implique qu'on soit étranger à la vie urbaine. Or, la vie dans des cités resserrées, polluées, encombrées d'embouteillages, ayant perdu de son attrait pour certains, malgré les opportunités et les sensations fortes qu'on y trouve, les nouvelles formes de communication et d'emploi rendent possible un nouveau type d'habitant rural, qui n'est pas un paysan, mais qui veut un mariage heureux entre la technologie moderne et la nature. Alors que l'agriculture devient une industrie, et que disparaissent les paysans, une nouvelle profession peut apparaître, au service de la communauté, qui traite la campagne comme une œuvre d'art, et qui nous confirme dans l'idée qu'elle demeure un endroit agréable à habiter. Autre forme de nouveauté : les habitants des villes de province. Le touriste peut penser que la réhabilitation des vieilles rues de leurs centres et l'aménagement de secteurs piétonniers ramènent ces cités à leur état d'origine. C'est en fait quelque chose de nouveau qui est ainsi créé : une authentique restauration nous redonnerait des odeurs que personne aujourd'hui ne supporterait. La nouveauté est ailleurs : la province ne manque plus désormais de confiance en soi. Les plus capables, ou au moins les plus ambitieux, filaient autrefois à Paris. Or, le nouveau provincial n'a nullement utilisé le T.G.V. pour faire de sa ville une banlieue de Paris. Il en a profité au contraire pour liquider l'ancienne frustration d'un complexe d'infériorité. Il est dorénavant possible d'habiter Dijon ou Tours. La grande affaire, actuellement, c'est la manière dont les individus doivent se traiter mutuellement, se débrouiller avec leurs émotions. Plus ou moins silencieusement, on cogite aujourd'hui énormément sur ce thème, et ce sont les femmes qui y contribuent le plus. Ce qui se passe dans la tête des gens est toujours incertain et imprévisible. Ce qu'il y a de sûr, en tout cas, c'est qu'à en juger selon ce critère, la France est très vivante, et qu'elle nous réserve à l'avenir encore plus de surprises.

Théodore Zeldin

Jardins français   Quand cultiver son jardin devient un art... C'est là une vieille tradition française, qui se renouvelle à la Renaissance sous l'influence italienne, s'affirme avec Le Nôtre dans le classicisme du jardin à la française, pour virer ensuite à la mode anglaise et au romantisme...
Les terrasses de Villandry (*ci-contre*) avec leurs trois jardins superposés — le jardin d'eau, le jardin d'ornement et ses parterres aux motifs symbolisant les formes de l'amour, et le potager se déployant comme un dictionnaire raisonné des légumes et des fruits — sont un merveilleux exemple du jardin Renaissance cher au val de Loire.

A Paris, c'est à la bordure du Quartier Latin que le Luxembourg (*ci-contre*) offre la tranquillité de ses allées ombragées au promeneur fatigué, à l'étudiant en mal d'examen, à l'enfant dont le bateau porte les rêves, toutes voiles dehors, sur les eaux du grand bassin.

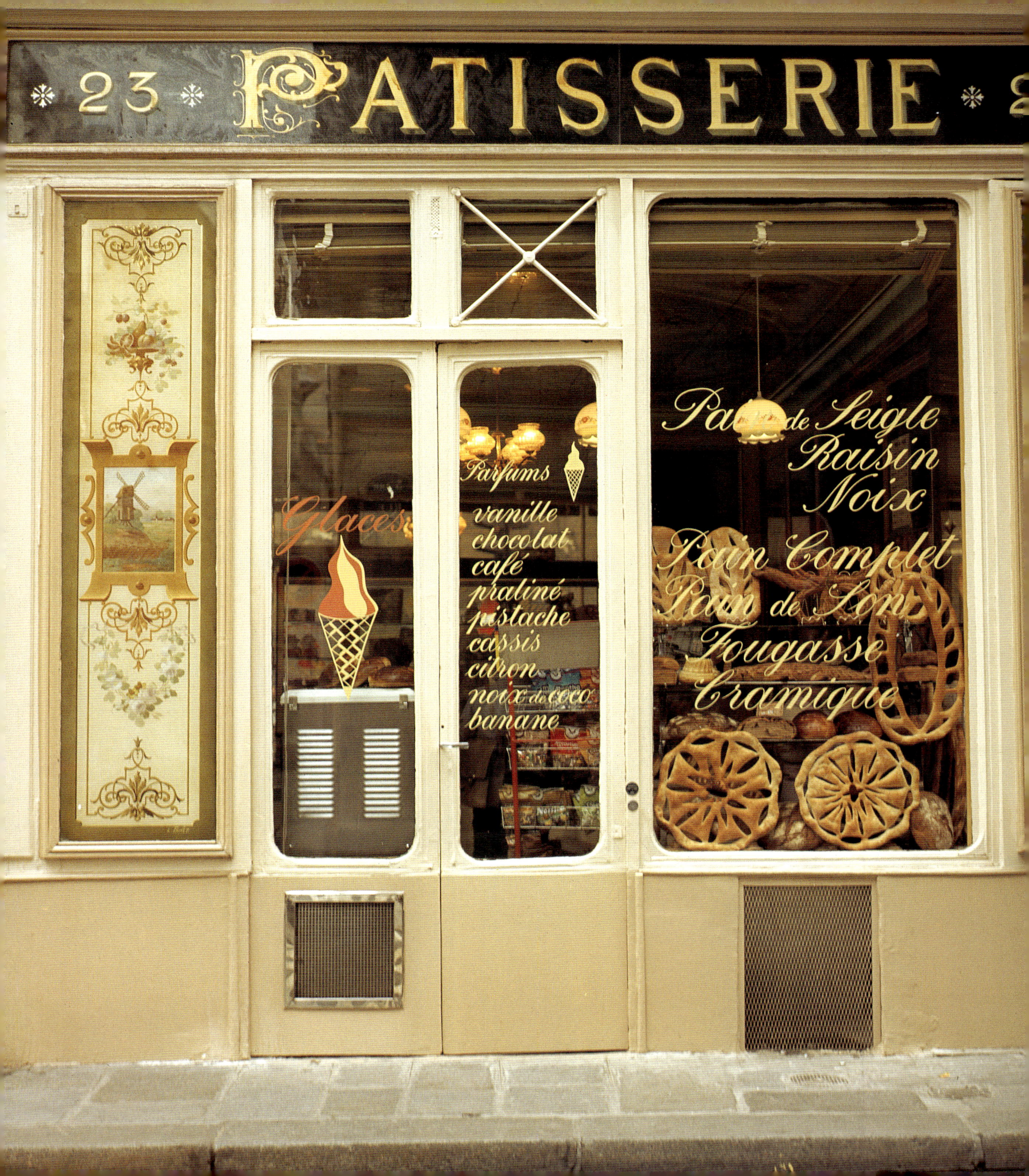
23 PATISSERIE
Glaces
Parfums
vanille
chocolat
café
praliné
pistache
cassis
citron
noix de coco
banane
de Seigle
Raisin
Noix
Pain Complet
Pain de Son
Fougasse
Cramique

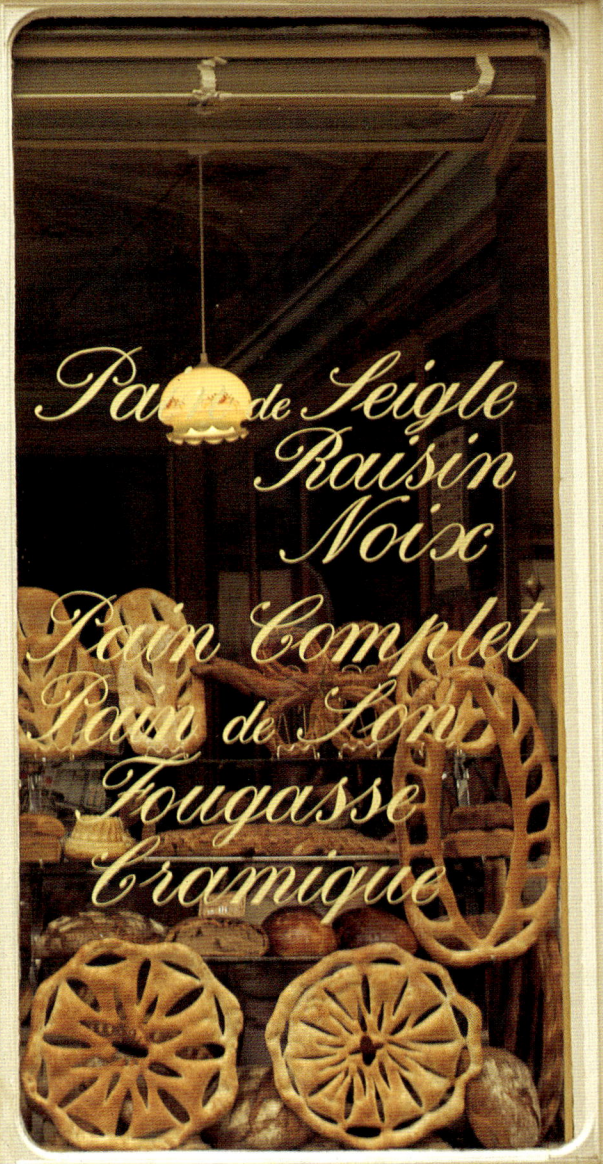

Pain et pâtisserie   Avoir du pain sur la planche, manger son pain blanc le premier, ôter à quelqu'un le pain de la bouche, long comme un jour sans pain — la langue française regorge de ces locutions et proverbes tous plus parlants les uns que les autres, savoureux, qui disent l'omniprésence traditionnelle du pain dans la vie quotidienne des Français.

Pour les petites gâteries de la semaine, et les grandes du dimanche en famille, il y a toujours au coin de la rue une pâtisserie pour vous satisfaire. Chaque région ayant ses spécialités, on n'a que l'embarras du choix. Et si vous les préférez maison, rien ne vous empêche de mettre vous-même la main à la pâte !

Cuisine française Les marchés sont dans les villes méridionales une fête pour les yeux. Un rayon de lumière brûlante perce la fraîcheur d'une échoppe et révèle, sous les « baies du Paradis », un étal distribuant avec goût le fruit abondant et varié des jardins du Midi : fenouils, artichauts, courgettes, poivrons, tomates, autant de légumes dont les formes charnues et les couleurs de feu viendront, aux côtés de la rascasse rouge et de l'anchois bleu de la Méditerranée, diaprer les salades et tartes niçoises, les soupes marseillaises, fleurant bon l'ail, le thym et le basilic. Pissaladière ou bouillabaisse, cette cuisine est à l'image du Midi et des Méridionaux : chaleureuse et colorée.

Le fermier de l'Ile-de-France, quant à lui, sculpte patiemment le fruit de sa terre lourde et grasse, de ses carrés de labours et de ses pâturages : le blé devient pain croustillant, et le lait onctueux fromage. C'est ainsi que la Brie laitière élabore son doux fromage à pâte molle et croûte fleurie, le Brie de Meaux :

1. Le lait de vache est emprésuré.
2. Le caillet est placé au séchoir pour l'égouttage en éclisses.
3. Puis les fromages déjà fermes sont salés sur toute leur surface.
4. Au bout de 15 à 20 jours, recouverts de moisissure blanche, ils sont descendus en cave : la pâte s'y transforme alors en deux couches crémeuses.
5. Le fromage est à point quand ces deux couches sont près de se rencontrer.

Subtile alchimie des fromages, dont on sait qu'il en existe plus de 140 en France...

Joueurs de boules On joue aux boules à peu près partout en France, mais c'est probablement sous le soleil de Provence, à Marseille par exemple, aux alentours du Vieux Port, que l'affaire prend toute son importance, tout son relief. La pétanque, c'est aussi (surtout ?) une question d'accent : drame sous les platanes, à 10 h, à midi, au soir pour l'apéro, peu importe ; à la loyale, bien entendu ; mais ça n'est pas non plus une raison pour se laisser faire, vas-y, tire-la de là ! Bravo ! Cris, lamentations, contestations... Mais qu'on ne s'y trompe pas : tout cela, c'est pour rire ; c'est pourquoi c'est très sérieux. Sacré cochonnet... Garçon, pastis pour tout le monde ! A demain même heure ?

Le Tour de France   Chaque été depuis le début du siècle, le Tour de France consacre la gloire de celle qu'on appelle familièrement « la petite reine » — autrement dit la bicyclette. Il s'agit bien sûr d'abord d'une épreuve sportive de très haut niveau, qui rassemble les meilleurs coureurs cyclistes du monde entier. Mais le Tour, c'est aussi un véritable événement culturel, auquel participent des millions de spectateurs : durant trois longues semaines, la course sillonne les routes de France, donnant ainsi l'occasion à chacun de redécouvrir, jour après jour, l'étonnante diversité de leurs paysages.

Paris, Notre-Dame C'est au cœur du cœur de Paris, en poupe de l'île de la Cité, berceau de l'antique Lutèce, que s'élève la cathédrale Notre-Dame, dont la construction dura plus d'un siècle (de la fin du XIIe au XIVe siècle). La claire ordonnance de sa façade et l'ampleur de sa nef, la majesté de ses tours quadrangulaires, l'harmonie parfaite de ses deux grandes rosaces et la légèreté de ses arcs-boutants, en font un chef-d'œuvre éblouissant de l'art gothique. Au cours des travaux de restauration entrepris au siècle dernier, Viollet-le-Duc fit ajouter, au niveau de la galerie supérieure, nombre des grandes gargouilles sculptées en oiseaux fantastiques, monstres, démons et chimères, dont le regard énigmatique semble veiller sur la ville et le fleuve qui la traverse de part en part, composant sur douze kilomètres de berges et de quais un paysage urbain pratiquement unique au monde.

Paris, panorama Peu de villes au monde présentent une telle perspective, qui s'ordonne ici à partir de la place de l'Etoile, rendez-vous des grandes commémorations et fêtes nationales, au pied de son immense arc de triomphe napoléonien, d'où rayonnent douze larges avenues : la plus prestigieuse est bien sûr celle des Champs-Elysées, par où l'on descend vers la place de la Concorde et son obélisque de Louxor, ses pavillons d'angle surmontés de statues représentant les grandes villes de France, et ses deux fontaines monumentales inspirées des fontaines romaines. Des siècles d'histoire viennent se résumer dans l'enfilade de cette voie : le jardin et le palais des Tuileries, le Louvre, et au loin Notre-Dame. Là sont les quartiers chics de la capitale, voués au culte, discret ou tapageur, de la richesse et de l'élégance. Et c'est sans doute place de la Concorde, ou sur les Champs-Elysées, quand on remonte vers l'Etoile la nuit tombée, que se vérifie le mieux le nom de « ville-lumière » attribué à Paris.

Tavernes, cabarets, bistrots et cafés font depuis toujours partie intégrante de la vie française. On y boit, bien sûr ; mais surtout on y parle, on y discute, on y échange commentaires et plaisanteries. On peut tout aussi bien y faire son courrier, y écrire un poème ou un roman. Et puis, perçu depuis une terrasse de café, comme ici celle des Deux-Magots, à ce carrefour de Saint-Germain-des-Prés resté depuis les années d'après-guerre un des lieux de rendez-vous privilégiés des écrivains et des artistes, le spectacle de la rue a toujours quelque chose de fascinant.

Paris, Sacré-Cœur Là est un peu le rêve de tout Parisien : habiter un logement dont la vue donne sur les toits de Paris, et au loin sur Montmartre et le Sacré-Cœur. Comment imaginer Paris sans sa Butte couverte autrefois de vignes et de moulins, et devenue à la fin du siècle dernier, pratiquement jusqu'à la Seconde Guerre mondiale, le haut-lieu d'une bohême cosmopolite, artiste, voire un peu canaille, chantée par les peintres et les poètes ? Van Gogh, Picasso, Braque y ont vécu et travaillé. Et même si l'animation s'est aujourd'hui davantage déplacée du côté de Saint-Germain-des-Prés ou du quartier des Halles, les noms de Pigalle et de Blanche, de la place du Tertre, résonnent toujours à nos oreilles comme autant de sésames du plaisir et du vagabondage nocturne.

Paris, métro au pont de Bir-Hakeim De temps en temps, le métro sort de ses profondeurs souterraines pour prendre gaillardement son envol à l'air libre — comme ici au pont de Bir-Hakeim qui lui permet de traverser la Seine à hauteur de l'île aux Cygnes. L'architecte commis au début du siècle à l'édification de ces tronçons de lignes aériennes faisait délibérément dans un académisme célébrant les vertus toutes républicaines du Progrès : d'où ces statues de bronze représentant, face aval, l'Electricité et le Commerce, et face amont, la Science et le Travail.

Paris, palais de Chaillot et pyramide du Louvre Le goût d'une architecture monumentale a profondément marqué le paysage parisien en lui apportant le rythme de ses grands espaces. De part et d'autre de la Seine, se font face la tour Eiffel et le palais de Chaillot (*ci-contre*), dont les grandes statues dorées dominent la vaste esplanade du Trocadéro. Dans la cour Napoléon du Louvre (*ci-dessus*) — l'ancien palais des rois de France devenu depuis la Révolution l'un des plus riches musées du monde — la grande pyramide de verre transparent de I.M. Pei (1989) étincelle de tous ses reflets lumineux. Bien que répondant à une authentique nécessité fonctionnelle (éclairer les nouvelles salles souterraines du Musée), l'ouvrage, ou plus exactement son insertion dans un cadre d'un style évidemment très différent, n'a pas été sans susciter d'ardentes controverses, comme autrefois la tour Eiffel.

Paris, tour Eiffel « Bergère, ô tour Eiffel... » : à l'aube du XXe siècle, Guillaume Apollinaire saluait ainsi la beauté moderniste, résolument tournée vers l'avenir, d'un monument alors très contesté, et qui n'en allait pas moins devenir le symbole le plus universellement connu de Paris. Construite à l'occasion de l'Exposition Universelle de 1889, la tour marque le triomphe d'une architecture purement métallique, alliant résistance et légèreté, et du haut de ses 320 mètres le panorama offert est incomparable. C'est également un Paris moderne qu'illustrent sur la droite les hauts immeubles du front de Seine, tandis qu'à la proue de l'île aux Cygnes, la statue de la Liberté, offerte à la ville par la colonie américaine de Paris en 1885, envoie son salut au loin, vers l'ouest, à sa grande sœur de New York.

Paris, station de métro Porte Dauphine A la fin du XIXᵉ siècle, dans un Paris figé depuis Haussmann par le néo-classicisme, Hector Guimard (le « Ravachol de l'architecture ») impose l'Art nouveau dans les rues de la capitale. C'est à lui qu'est notamment confiée la réalisation des édicules des gares du Chemin de Fer Métropolitain dont la construction est alors engagée.

L'édicule de la station Porte Dauphine, à l'orée du bois de Boulogne, seul survivant — sur des dizaines — de l'œuvre de Guimard (avec celui de la station Abbesses au pied de Montmartre) offre à voir l'esthétique baroque que développait alors depuis vingt ans l'Art nouveau. Une modeste bouche de métro, destinée à être franchie chaque jour par des milliers de Parisiens, se voit ainsi ornée d'un décor floral, végétal et entomologique, où se distribuent subtilement pierre de taille, fer, fonte, lave d'Auvergne, émail, laque et verre. On reconnaît dans l'élégance de la couverture relevée, avec sa chair de verre et sa fine ossature métallique, la métamorphose du motif de la libellule cher à l'Art nouveau.

Paris, coupole du Printemps Ce sont ces mêmes principes qui président au début du siècle à la réalisation de la grande verrière de la coupole coiffant le hall du magasin du Printemps. Là encore, l'armature métallique des huit piliers, qui s'élève jusqu'au-dessus des six étages de l'immeuble, soutient élégamment, dans son mouvement ascensionnel, la couverture de verre par où la lumière se diffuse jusqu'au rez-de-chaussée. En suspension légère dans l'espace, des oiseaux de papier soulignent ici l'équilibre de ces deux mouvements inverses.

Paris, Centre Pompidou Après 1945, l'esthétique architecturale connaît en France un profond renouvellement. Des quartiers entiers de Paris seront transformés, comme celui des Halles, d'autres créés de toutes pièces, comme celui de la Défense.

En plein cœur du vieux Paris, le Centre Pompidou est consacré depuis 1977 à la création artistique contemporaine. L'édifice frappe (voire choque) aussitôt par son architecture avant-gardiste : l'armature d'acier de l'énorme parallélépipède encadre d'immenses parois de verre, tandis que tous les éléments fonctionnels du bâtiment (tuyaux d'aération et de chauffage, notamment) ont été délibérément exhibés à l'extérieur. Les couleurs franches dont sont peintes les structures externes ajoutent encore à l'effet puissamment moderniste de l'ensemble. Musée d'Art moderne, mais aussi lieu d'activités culturelles multiples (cinéma, conférences, musique expérimentale, etc.), le Centre est fréquenté chaque année par des millions de visiteurs, et l'animation permanente de sa piazza d'accueil reflète bien la vie cosmopolite qui se donne ici libre cours.

Paris, la Défense A l'ouest de l'Etoile et des Champs-Elysées, la Défense relève de la même volonté d'urbanisation moderne : à la fois complexe résidentiel et grand quartier d'affaires, l'ensemble a pour base une immense dalle réservée à la circulation piétonne, tandis que les véhicules automobiles empruntent un boulevard périphérique et des autoroutes souterraines. Le site abonde en réalisations spectaculaires, dont la dernière en date (1989) : l'Arche, immense structure cubique d'un seul tenant (la cathédrale Notre-Dame pourrait y loger), recouverte de verre et de marbre blanc de Carrare. D'autres ouvrages d'art, comme le *Stabile rouge* de Calder (*ci-contre*), contribuent à souligner la spatialité géométrique monumentale de ce nouveau quartier à caractère futuriste.

Paris, Musée d'Orsay C'est dans le décor imposant de l'ancienne gare du même nom, sur les bords de la Seine, que le nouveau Musée d'Orsay est installé. Inauguré en 1986, et entièrement consacré au XIXe siècle, il offre une présentation historique particulièrement fouillée des différentes formes d'expression artistique pratiquées entre 1848 et 1914, de la peinture à la photographie et au cinéma. Les œuvres de tous ordres ainsi réunies, parmi lesquelles l'importante collection de tableaux impressionnistes et néo-impressionnistes, font l'objet d'une exposition permanente. Les œuvres des sculpteurs (Pradier, Carpaux, Maillol) ont été également abondamment sollicitées pour orner l'espace monumental du Musée.

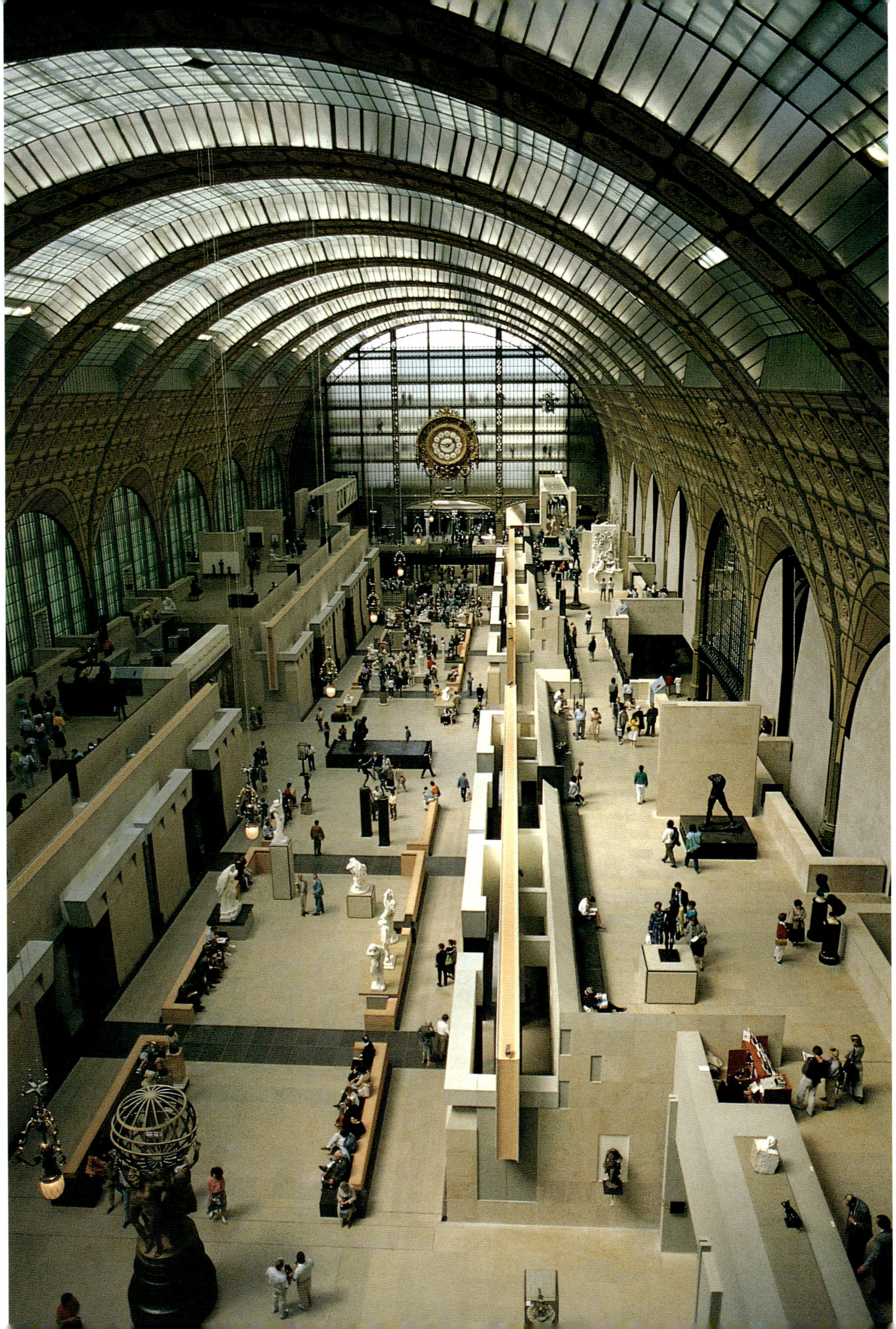

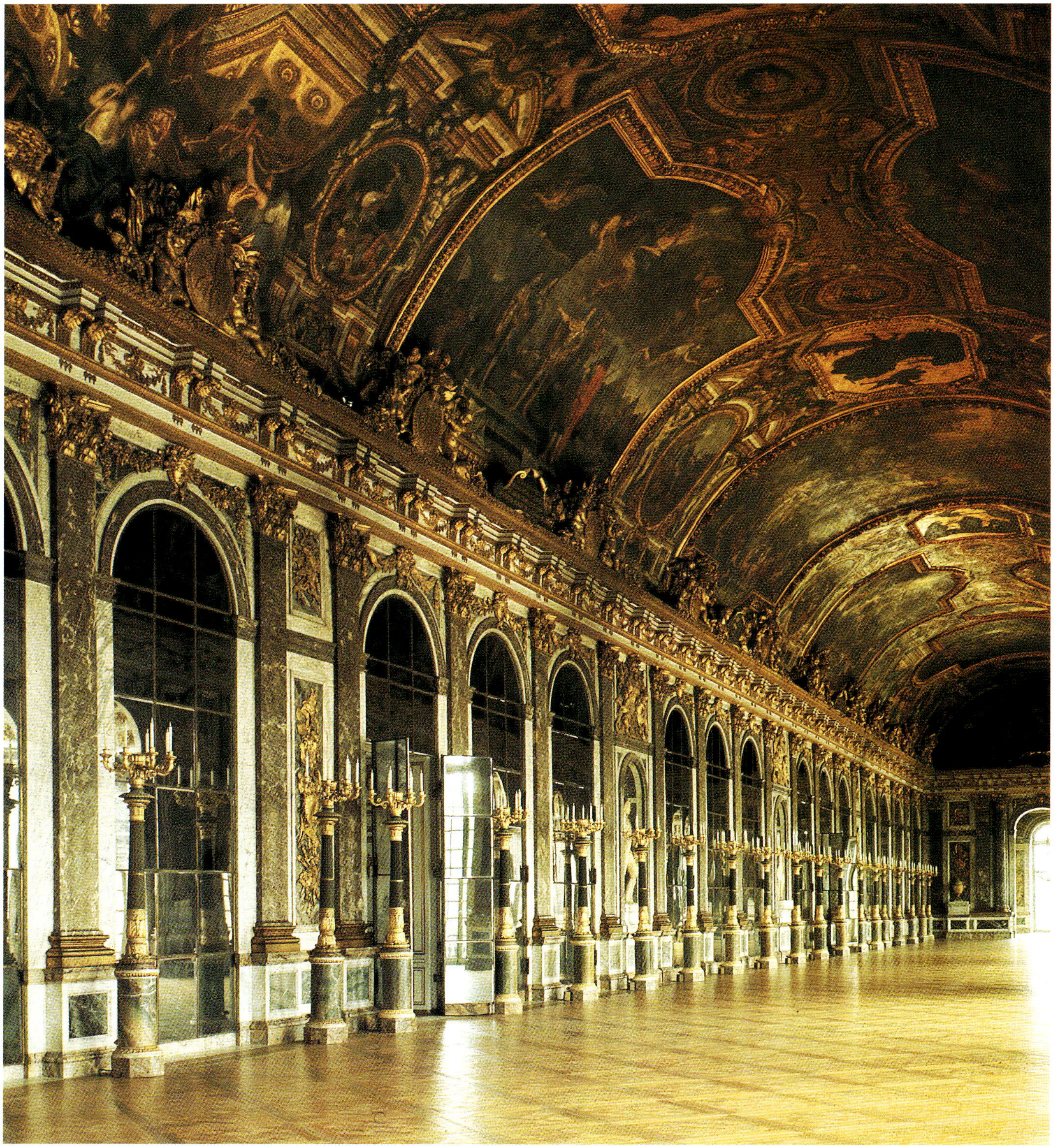

Versailles Délibérément conçu par Louis XIV pour être le symbole éclatant d'un règne aussi brillant qu'absolu, le château de Versailles dresse ses façades majestueuses (*ci-dessus* l'aile du Midi) face à ses jardins et à son parc de 17 000 hectares. Le site initial n'avait pourtant rien de séduisant. Mais tout, ici, traduit la volonté démesurée d'imposer à la nature la grandeur et la perfection d'une ordonnance, d'un pouvoir souverain qui se donne à lui-même en spectacle. Celui-ci dura plus d'un siècle, jusqu'à la Révolution française : les successeurs de Louis XIV s'attachèrent à augmenter encore la splendeur des aménagements intérieurs, dont la célèbre galerie des Glaces (*ci-contre*) demeure l'expression privilégiée.

Versailles, les jardins Les jardins de Versailles sont le chef-d'œuvre de Le Nôtre, et Louis XIV en avait réglé lui-même la visite protocolaire. Arrêtons-nous, nous aussi, pour considérer le bassin d'Apollon (*à droite*) et y admirer l'œuvre de Tubi (réalisée en plomb doré d'après un dessin de Le Brun) représentant le lever du jour : le char d'Apollon, dieu du Soleil (l'emblème de Louis XIV), sort de l'onde parmi les monstres marins, pour éclairer la Terre...

Autres temps, autres mœurs : le décor change quelque peu avec le Petit Trianon que Louis XV fit construire pour Madame de Pompadour. Marie-Antoinette y fera triompher la vie champêtre, et ce parc à l'anglaise, dans lequel le délicieux Temple de l'Amour (*ci-contre*) fait encore passer aujourd'hui comme un air de fête galante.

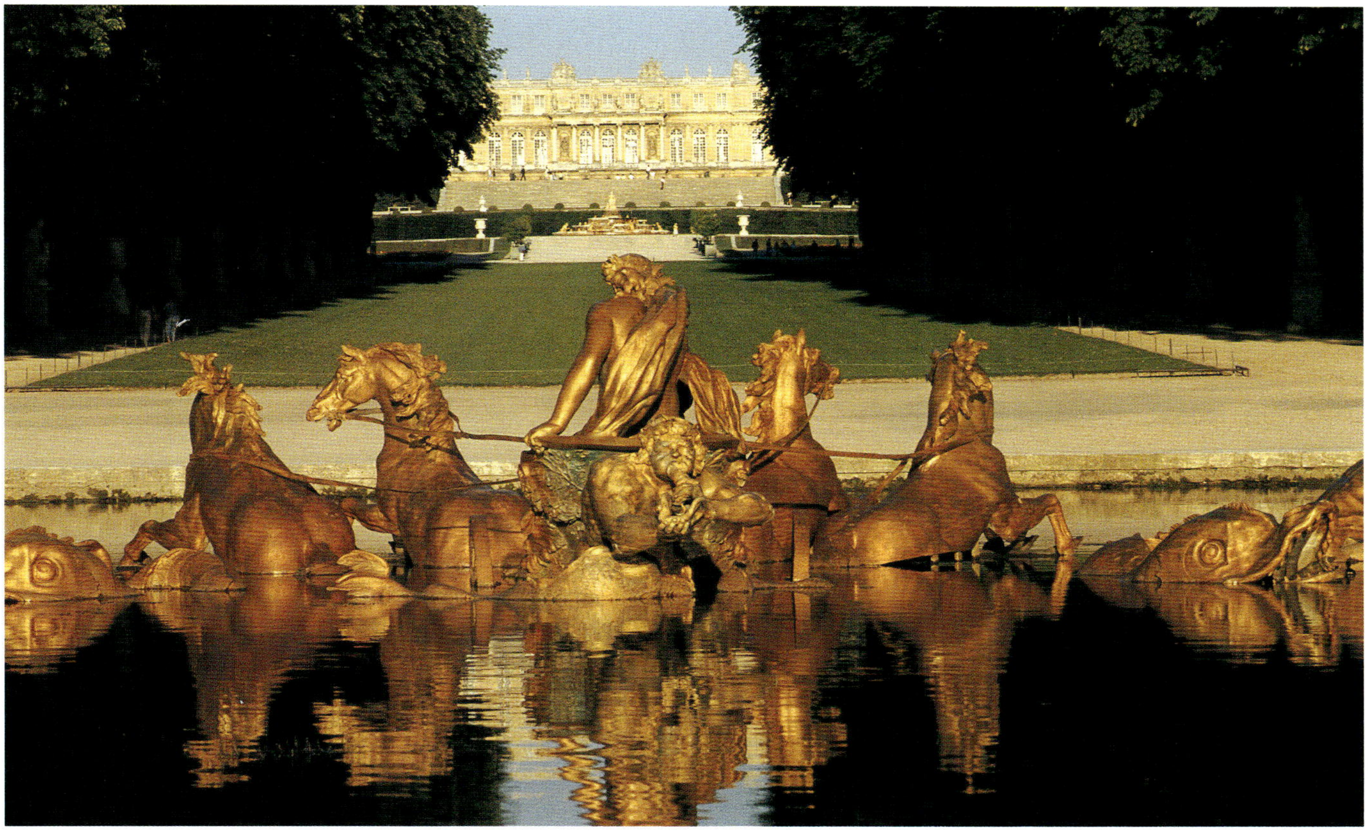

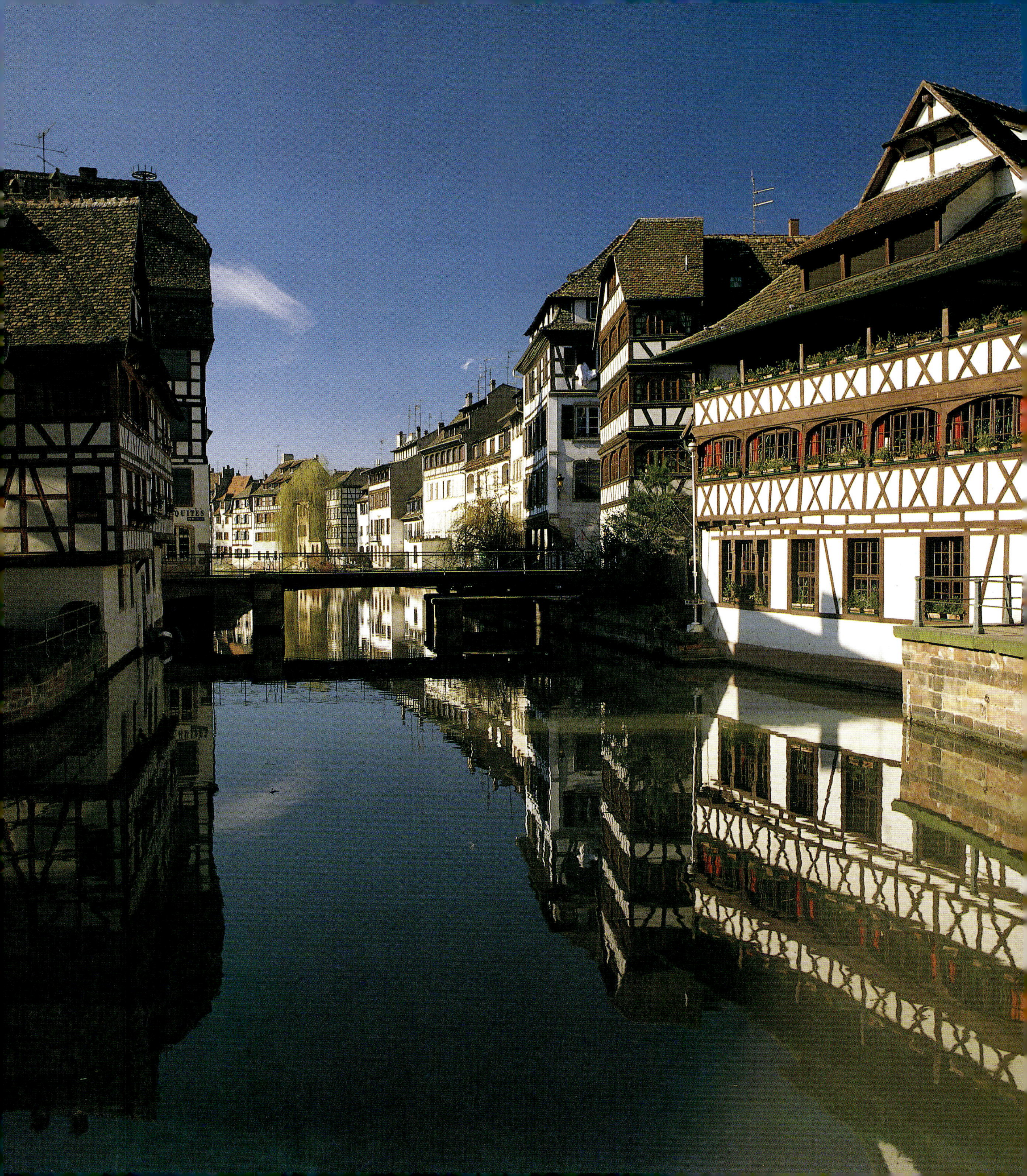

Alsace, Strasbourg et Colmar A l'est, dans cette Alsace qui a vu tant de fois s'entre-déchirer l'Allemagne et la France aujourd'hui réconciliées, Strasbourg (*ci-contre*) et son vieux quartier de la petite France, Colmar et sa petite Venise (*à droite*). Les anciennes maisons à colombage pieusement entretenues mirent les couleurs de leurs façades ornementées dans l'eau calme des petites rivières autrefois utilisées par les tanneurs ou les maraîchers. Siège du Parlement européen, Strasbourg est devenue le symbole même d'une Europe dont la difficile construction n'en apparaît pas moins portée par une nécessité historique à laquelle adhèrent désormais l'immense majorité des Français.

Le Nord, charbonnages et sidérurgie
Durant plus d'un siècle et demi, l'industrie minière a profondément marqué toute la vie du Nord de la France, en en faisant une région économique de première importance : source d'énergie principale de la première révolution industrielle, le charbon a laissé partout son empreinte dans les sombres paysages du Pays noir, ponctués de fosses et de terrils.

Bien des choses ont changé depuis. Dans les années 1970-1980, les exigences de l'économie moderne ont entraîné de radicales et dramatiques reconversions, propres à insuffler à la région un nouveau dynamisme, comme en témoignent ici de manière spectaculaire les grandes aciéries du groupe Usinor à Dunkerque.

Normandie, Giverny C'est à la frontière entre sa Normandie natale et l'Ile-de-France, dans la vallée de la Seine, qu'un des plus grands peintres français, Claude Monet, vint s'installer à la fin du siècle dernier : à Giverny, au bord de l'Epte. Il y aménagea un magnifique jardin d'eau, dont le célèbre bassin aux Nymphéas (avec son petit pont japonais, dans le fond) qui allait nourrir son inspiration durant près de quarante ans. Le Musée de l'Orangerie, à Paris, conçu spécialement pour cette œuvre, expose en permanence les immenses panneaux muraux dans lesquels Monet a exprimé l'essence de son art. A Giverny, le « parterre d'eau », comme disait Proust, est lui aussi toujours là, offrant au regard la palette infiniment diverse de ses couleurs et de ses reflets.

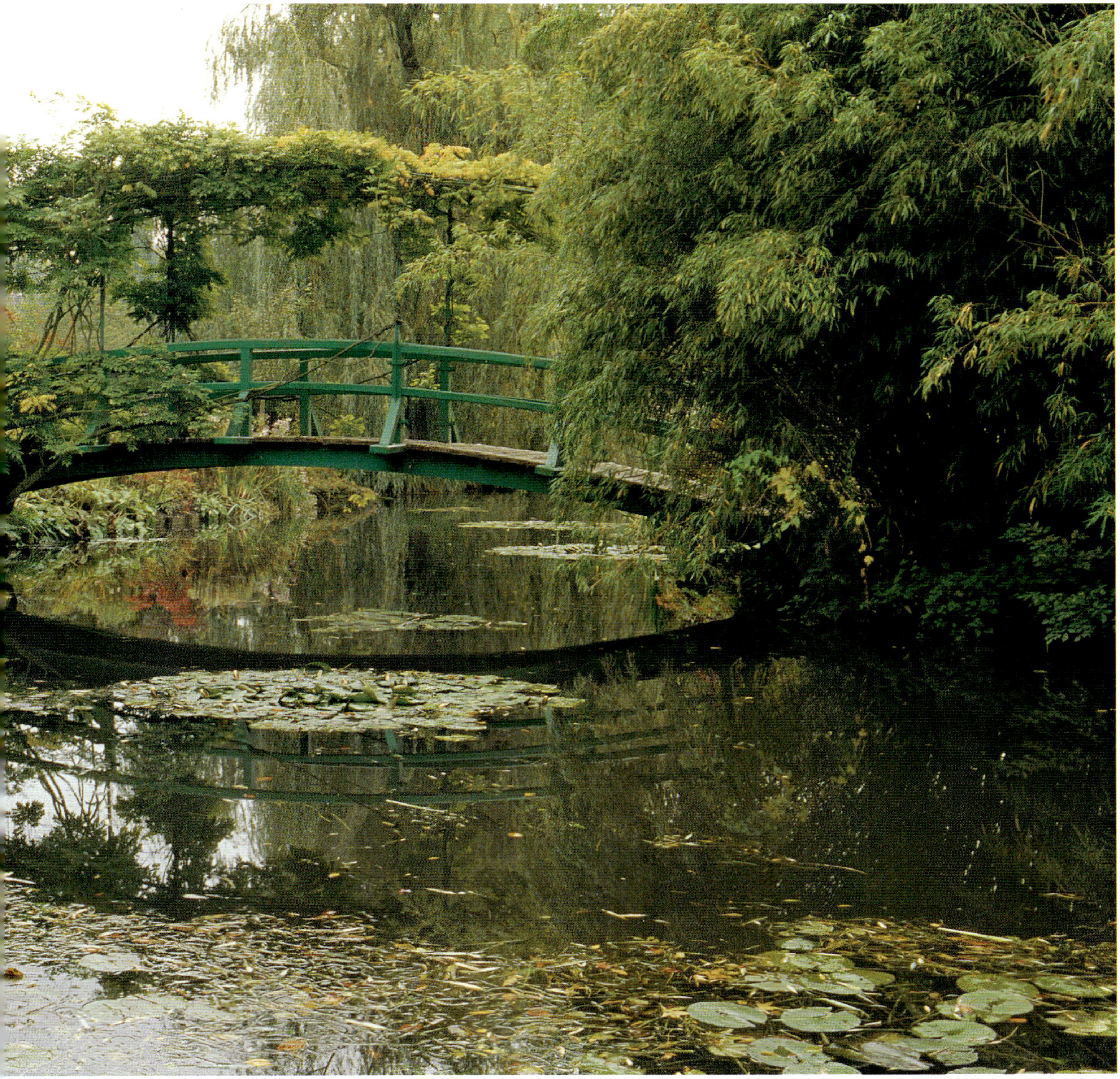

Normandie, manoir de Caudemer et ferme normande avec pommes à cidre   Au hasard des chemins creux qui sillonnent le pays d'Auge et ses prairies plantées de pommiers à cidre sous lesquels paissent des vaches nonchalantes, se dressent maisons de maître et vastes corps de fermes témoignant d'une solide prospérité agricole. L'argile, abondante dans la région, a servi au pisé des murs qu'un colombage de bois retient dans sa résille. Disséminés autour de tel manoir rustique et d'une mare aux allures d'étang, des communs abritent le tour, le pressoir, le grenier à pommes, les étables et la laiterie. Riche et grasse Normandie, à l'image de son célébrissime camembert et de son livarot, qu'on déguste de préférence « bien faits ». Point de vin, certes : mais du bon cidre mousseux, et cet alcool — le Calvados — qu'on boit au milieu des repas de fête pour y creuser le « trou normand » propre à redonner aux convives leur appétit du début. Tout un programme...

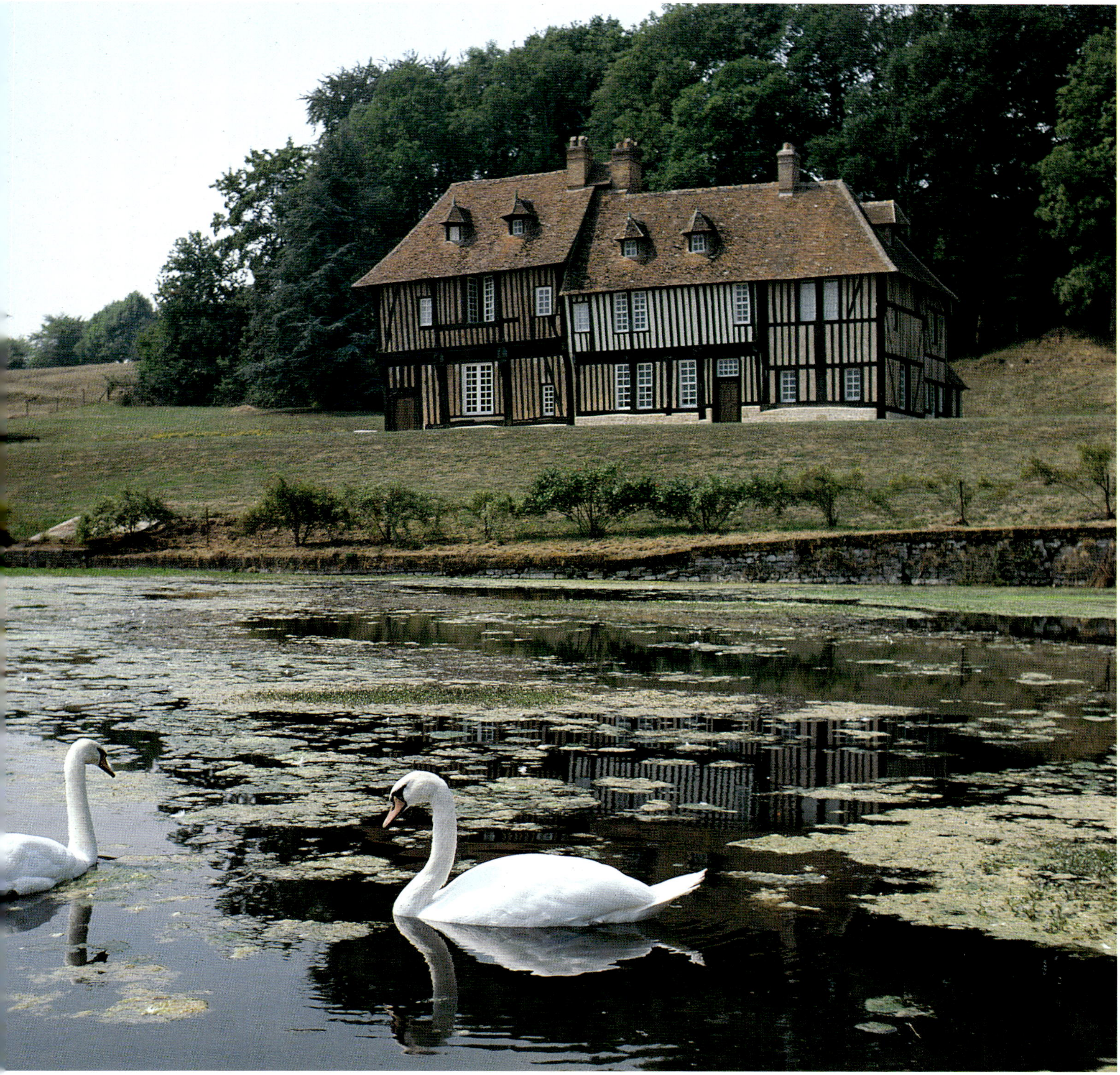

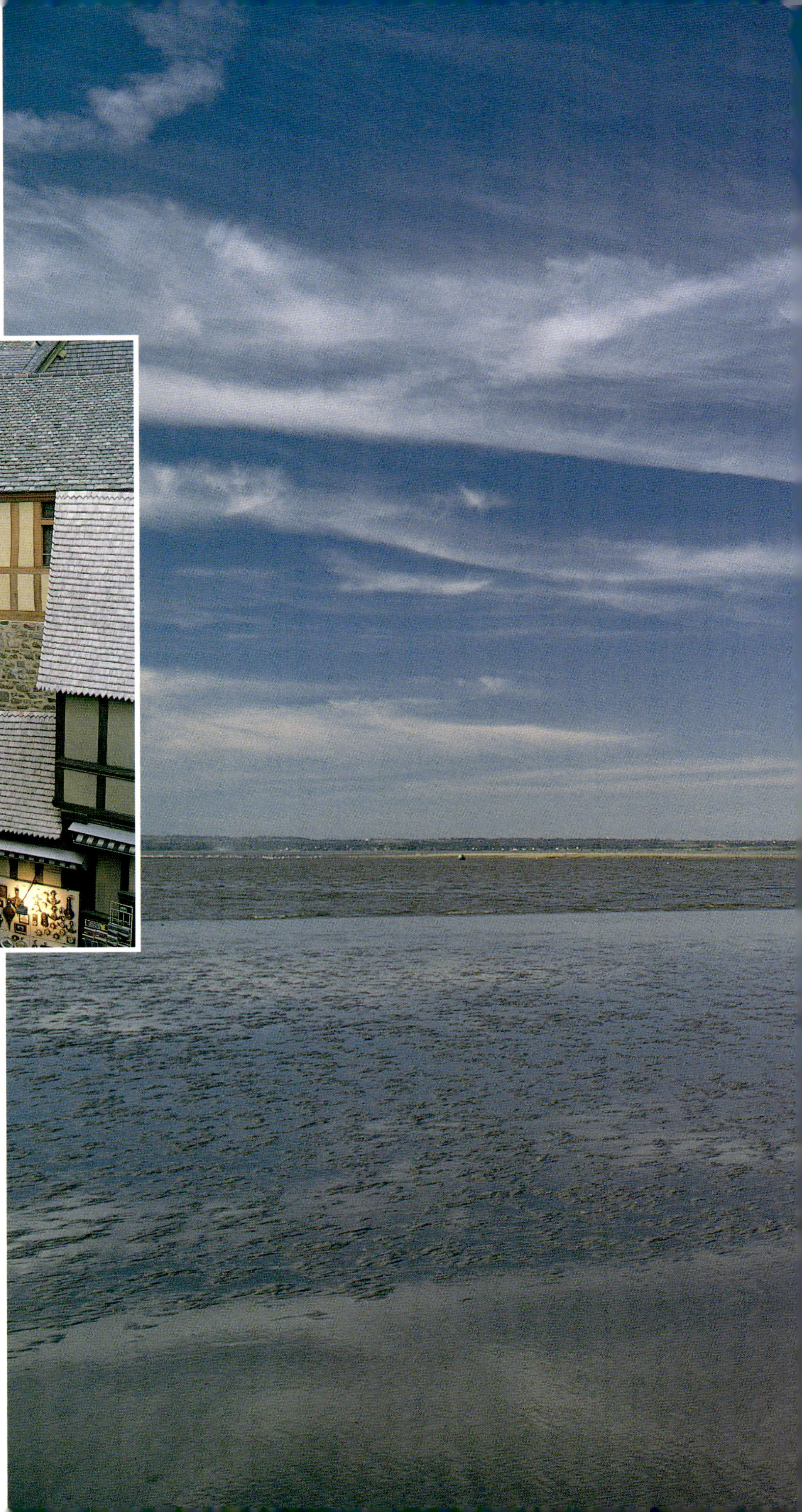

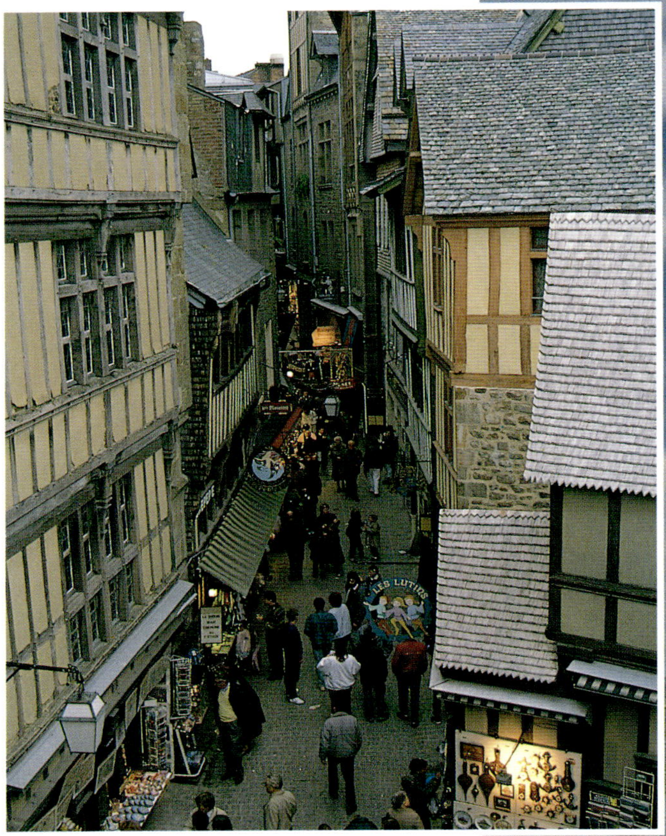

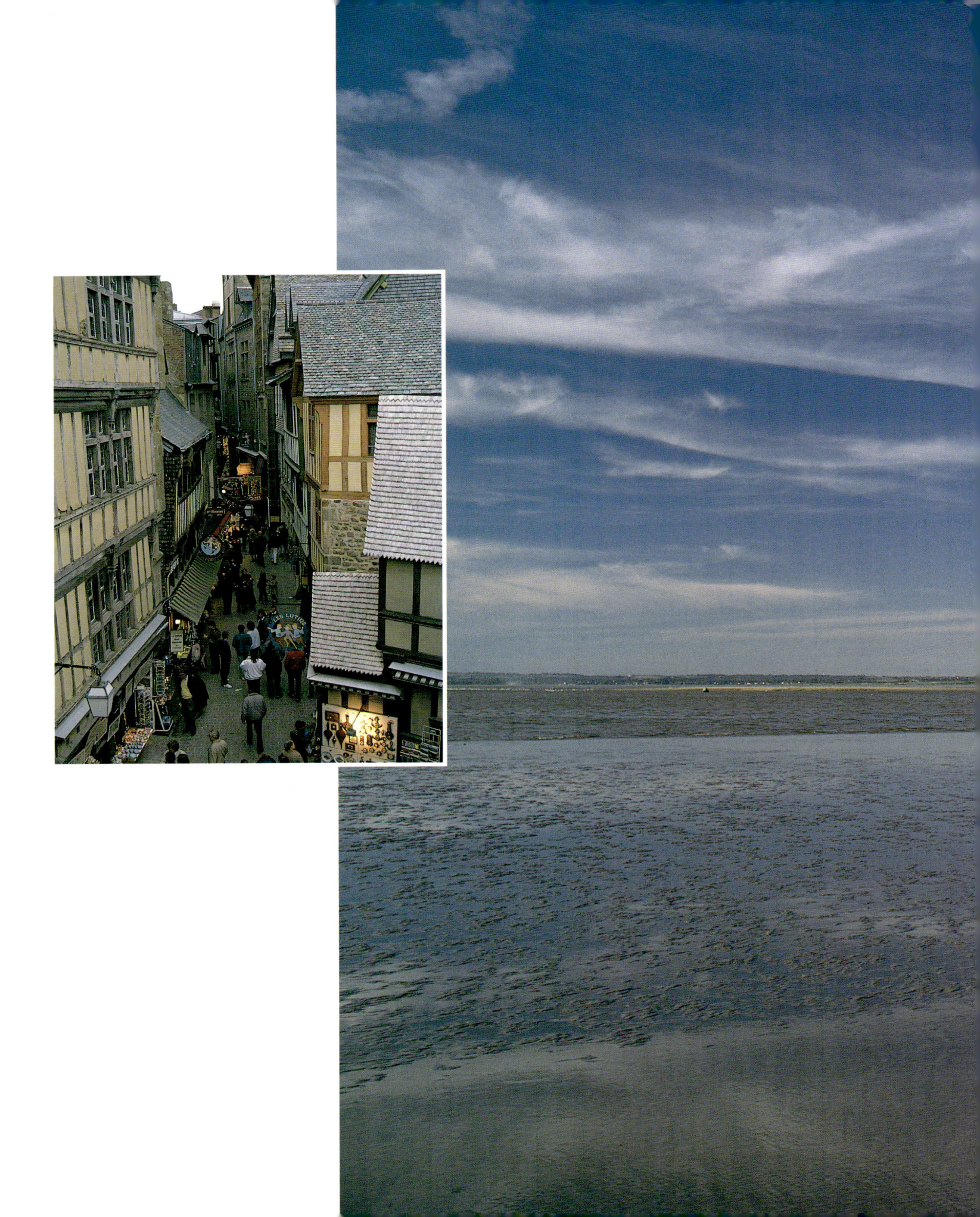

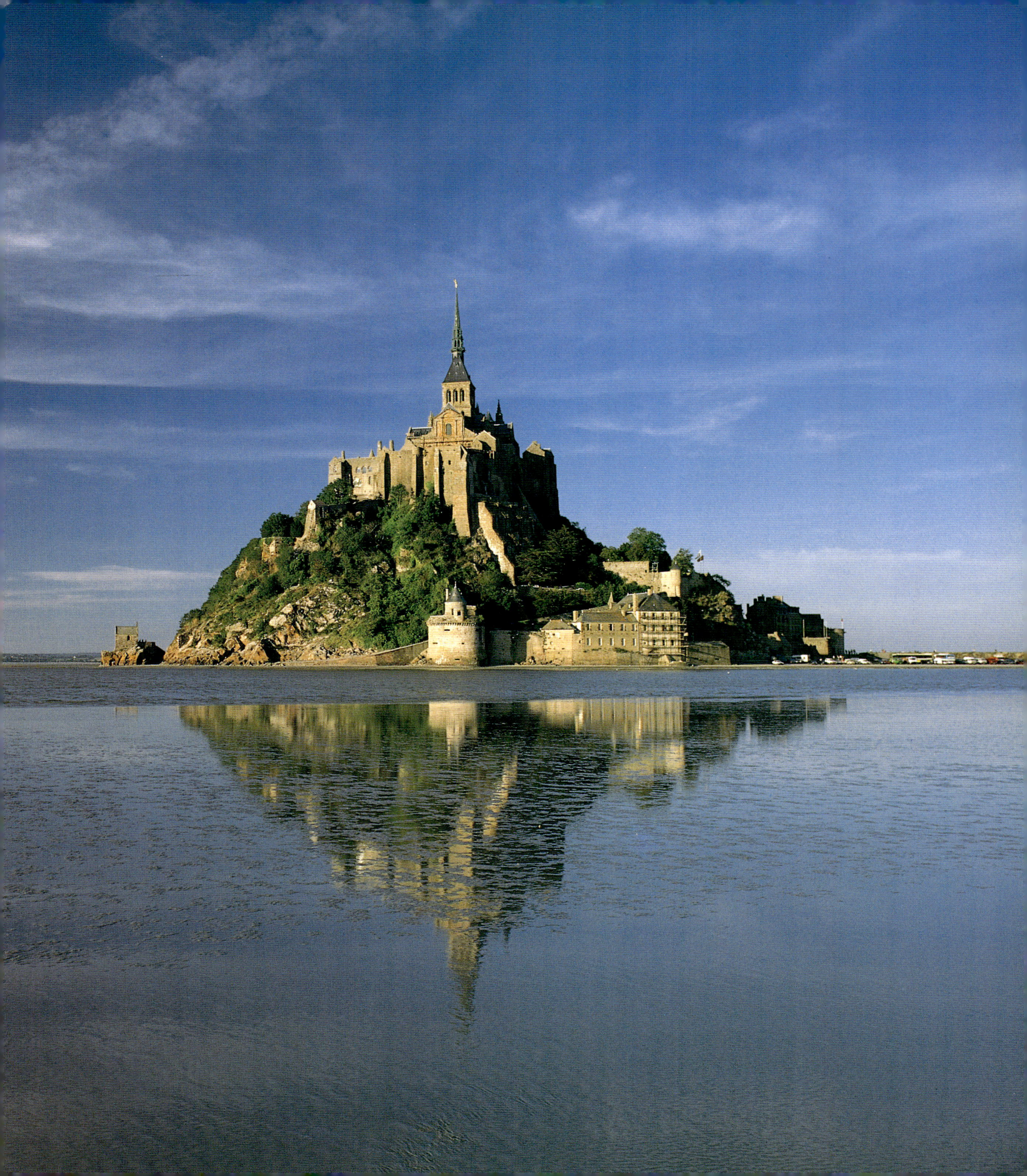

Bretagne, Cap Fréhel Pointe occidentale ultime du continent européen, la Bretagne pénètre dans l'Océan comme l'étrave d'un navire. Côtes d'Armor ou du Finistère, tout dit ici la confrontation permanente de la roche, de la mer et du vent. *Ar-mor*, c'est en breton le pays de la mer ; quant à Finistère (*finis terrae* ou fin de la terre), le sens du nom va de soi. Sur des centaines de kilomètres en bordure de mer, ce ne sont donc que massifs de grès et de granit aux couleurs étonnamment diverses (du gris sombre ou ocré au rose et au rougeâtre), déchiquetés par une mer en perpétuel mouvement, comme ici sur la Côte d'Emeraude, au Cap Fréhel (au nord-est de la baie de Saint-Brieuc) : les falaises de grès rouge plongent à pic dans les tourbillons de vagues bleu-vert, au milieu des cris perçants des mouettes, goélands et autres cormorans, auxquels se mêlent par temps de brouillard les mugissements lancinants de la corne de brume. Les feux du phare planté au sommet portent jusqu'à 120 kilomètres au large. Quelque part en mer, toujours navigue un marin breton...

(Pages précédentes)
Normandie, Mont-Saint-Michel Au large de la côte, à l'embouchure du Couesnon, entre Bretagne et Normandie : le Mont-Saint-Michel. C'est sur cet îlot granitique, planté au milieu d'immenses bancs de sables mouvants que la mer recouvre à marée haute, que des moines bénédictins viennent s'établir au Xe siècle. Ils y édifient peu à peu toute une abbaye, avec son cloître et au sommet son église ; les remparts ajoutés au XIIIe siècle en feront une forteresse imprenable. Dans ce décor grandiose, entre ciel, terre et mer, le visiteur découvre un ensemble architectural d'une beauté tout en contrastes — puissance majestueuse, sévère, des édifices, et grâce lumineuse, impondérable, de leurs intérieurs. La face nord (gothique) de l'abbaye a pour nom « la Merveille » ; on y accède par l'« escalier du Gouffre » : il y a de la magie dans ce lieu, une atmosphère de légende que le site exceptionnel maintient prodigieusement présente.

Après avoir franchi l'une après l'autre les trois portes fortifiées, le touriste d'aujourd'hui, comme le pèlerin d'hier, accède à la Grande-Rue du village médiéval, avec ses marchands de souvenirs et ses restaurants. Ce commerce local était déjà florissant au Moyen Age : les pèlerins ne manquaient pas de s'y munir de médailles du saint, pour se préserver des dangers (sables mouvants, rapidité de la montée des marées) que comportait l'accès à ce qu'on appelait Saint-Michel-du-péril-de-la-mer.

Normandie, Etretat   Beaucoup plus au nord, en Haute-Normandie, le plateau du pays de Caux offre l'imposant front de mer de sa Côte d'Albâtre, dont Etretat constitue le joyau incontesté. Sous un ciel léger et vaporeux, s'étend une longue plage de galets inlassablement roulés par un flot laiteux, encadrée par deux hautes falaises d'un blanc crayeux : la falaise d'Amont, avec sa petite chapelle de marins dédiée à Notre-Dame de la Garde, et la falaise d'Aval, avec son arcade rocheuse monumentale (la porte d'Aval) flanquée de sa mystérieuse Aiguille.

Bretagne, Dinan Abritées en amont des estuaires des rivières côtières bretonnes, certaines petites villes portuaires — jadis de commerce, maintenant de plaisance — gardent extrêmement vivant dans leur armature granitique le témoignage de leur passé. Telle se présente Dinan, au bord de la Rance, dont le port se niche entre les versants abrupts d'une vallée aujourd'hui enjambée par un grand viaduc. Sur le bord escarpé du plateau surplombant la rivière, ceinte de remparts des XIIIe et XIVe siècles, la petite ville dévide le fil de ses ruelles pavées dont les noms évoquent les activités artisanales et marchandes d'autrefois, et qui connaissent en été, durant toute la saison touristique, une animation des plus sympathiques.

Normandie Le bocage est le paysage type du Massif armoricain. Mais il s'étend également bien au-delà : à l'est, notamment, vers la Normandie et son pays d'Auge. Au travers des moutonnements boisés — chênes, ormes et hêtres — et des verts pâturages quadrillés de haies vives, se glissent les eaux d'une multitude de petites rivières et de ruisseaux qui viennent fertiliser tout au long de l'année une terre abondante en herbages et en vergers.

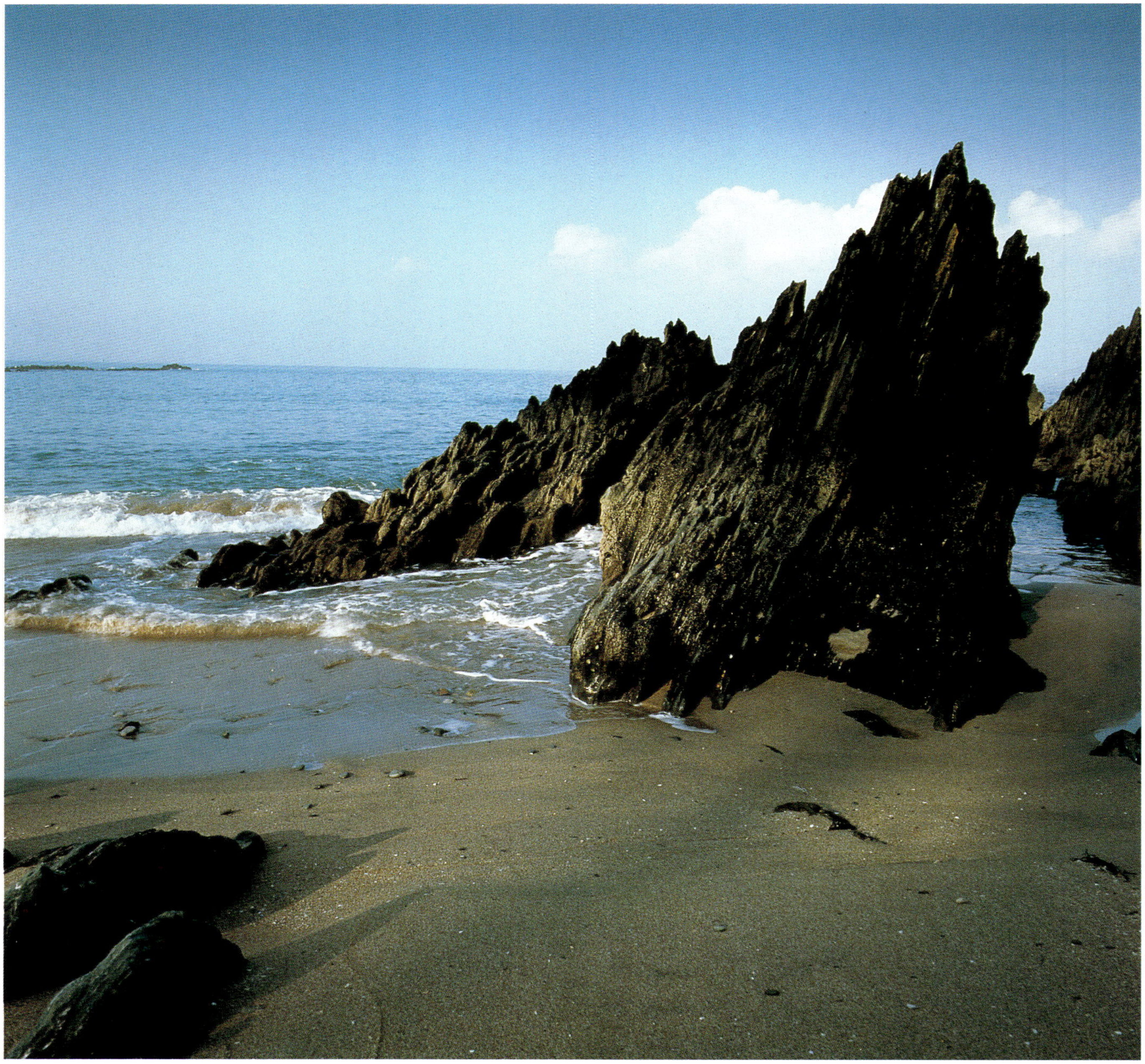

Bretagne, pointe de l'Armorique Dans la rade de Brest, comme plus au sud, dans le golfe du Morbihan, avec sa multitude de petits îlots rocheux, s'impose le charme des côtes bretonnes et de leur dentelle de granit que le vent et la mer ont patiemment sculptée, dans un étrange mélange de rudesse et de tendresse.

Bretagne, Douarnenez Ancrée dans l'immense baie qui porte son nom, au sud de la péninsule armoricaine, Douarnenez est depuis toujours un important port de pêche : sardine, thon, maquereau, et plus encore langouste, que les chalutiers s'en vont pêcher loin dans le Sud, sur les côtes mauritaniennes.

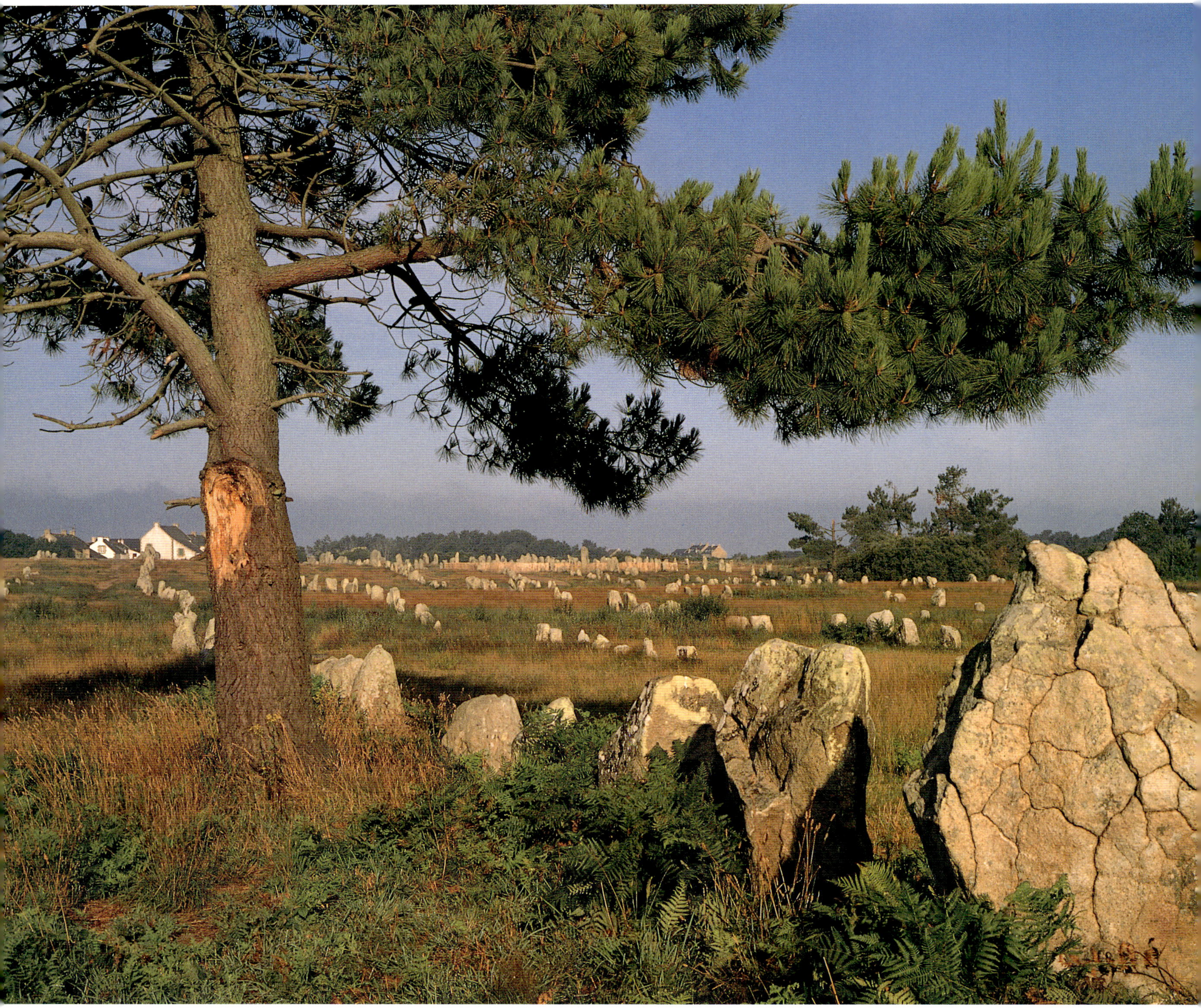

Bretagne, Carnac Carnac, et l'énigme de ses alignements de menhirs. Sur plus de 4 kilomètres se succèdent près de 3 000 de ces roches de granit dressées verticalement, réparties en trois groupes : alignements de Menec (*ci-contre* le plus important, avec ses 1 099 menhirs disposés en 11 lignes parallèles, le plus élevé mesurant 4 mètres de haut), de Kermario et de Kerlescan. Ces étranges dispositifs rocheux remontent au néolithique et au début de l'âge de bronze, et il faut y voir probablement des monuments religieux, associés au culte des morts. L'orientation particulière à chacun des alignements, toutefois, qui correspond curieusement aux positions du soleil levant dans son solstice d'été ou dans sa période d'équinoxe, a également fait penser à un culte solaire. Quoi qu'il en soit, menhirs et dolmens font partie intégrante du paysage breton : quand on les rencontre, mystérieusement dressés dans la solitude des forêts ou des landes, c'est tout le passé mythique des Celtes qui ressurgit, avec ses druides, ses fées, ses sortilèges.

(*A droite*)
Cet énorme dolmen (plusieurs des pierres qui le composent dépassent les 6 mètres de long) ouvre à l'alignement des 982 menhirs de Kermario.

(*Pages suivantes*)
Val de Loire, Chambord Noces royales de l'espace et du temps, Chambord aux 365 fenêtres et à l'architecture toute d'équilibre, d'élégance, d'imposante souveraineté se mirant dans l'immensité de sa pièce d'eau… La Renaissance française, encore émerveillée de sa découverte de l'Italie, y réalise son idéal de plaisir et de beauté : François Ier demande à Léonard de Vinci de lui dessiner le plan d'un palais à sa mesure. A la mort du roi, en 1547, la majeure partie du château est déjà édifiée, mais c'est Louis XIV, un siècle plus tard, qui en achèvera définitivement la construction. Dans la douce lumière du Val de Loire, Chambord n'a cessé depuis de rayonner de la splendeur et de la grâce de ses multiples ouvrages d'art — escaliers monumentaux, sculptures, grandes salles aux boiseries et tapisseries raffinées, etc.
C'est initialement pour se livrer à sa passion de la chasse que François Ier venait à Chambord. La tradition s'en est maintenue : des chasses à courre sont régulièrement organisées dans le grand parc, clos par un mur d'enceinte de 32 kilomètres, et devenu réserve de chasse depuis 1948.

61

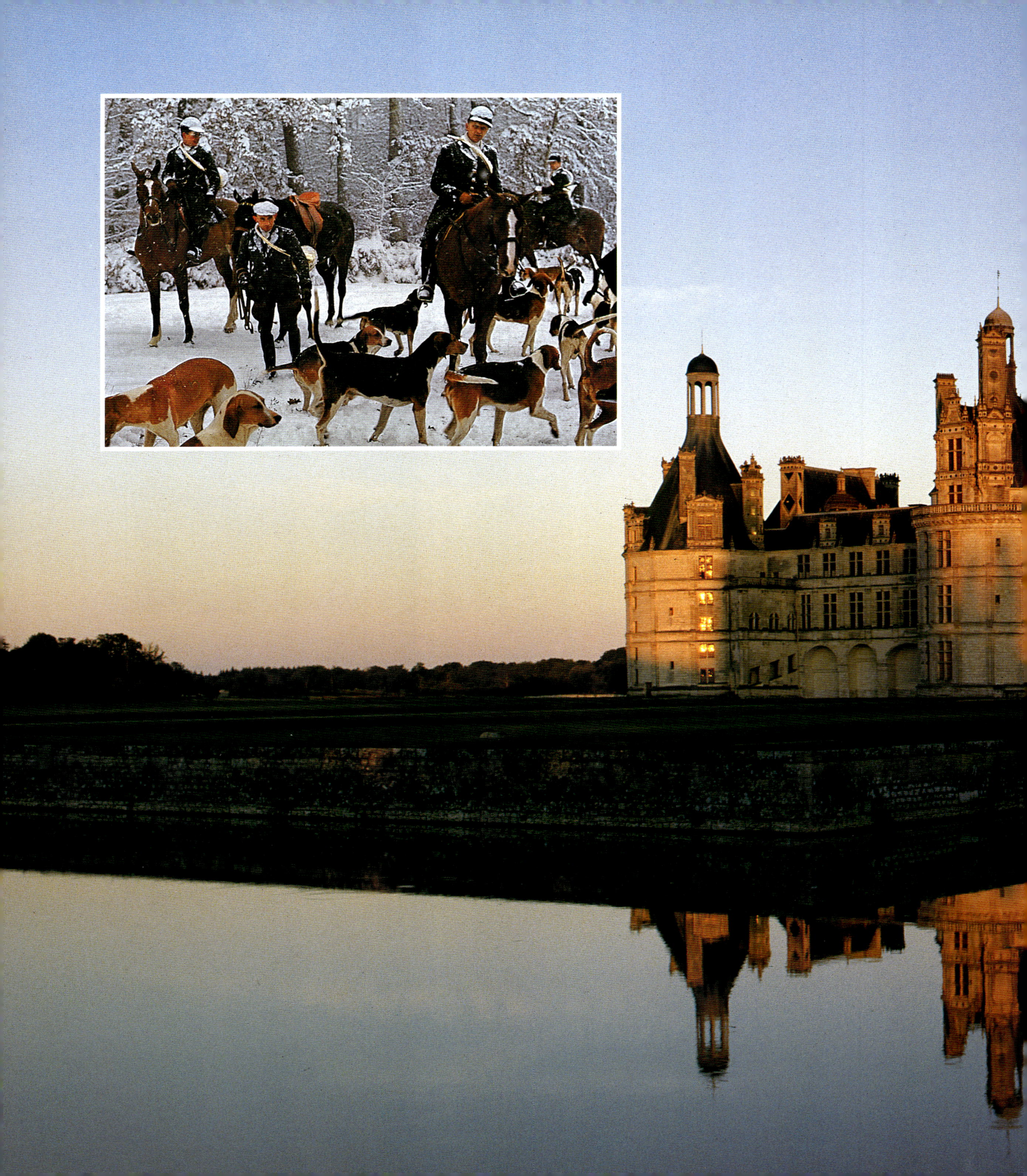

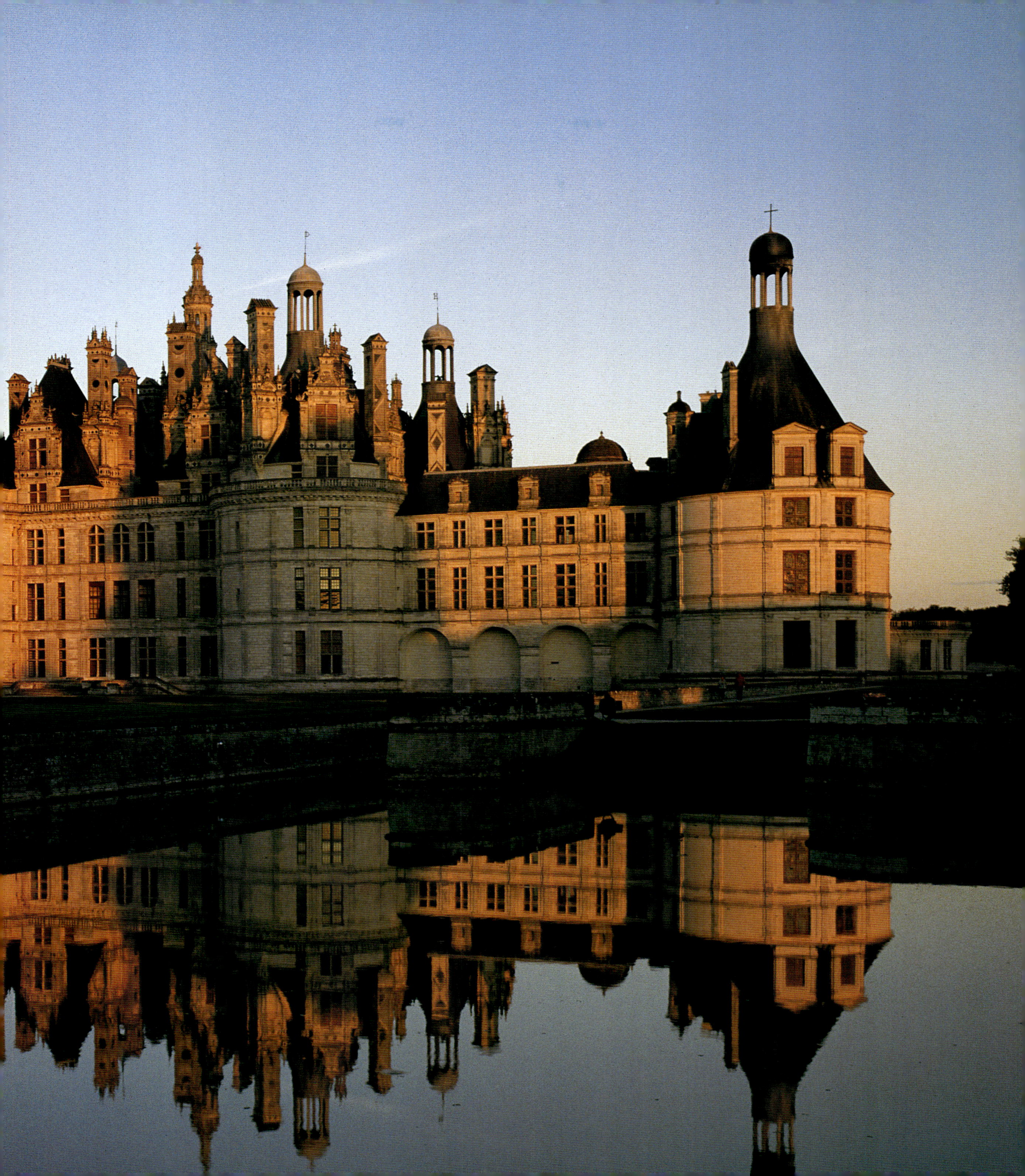

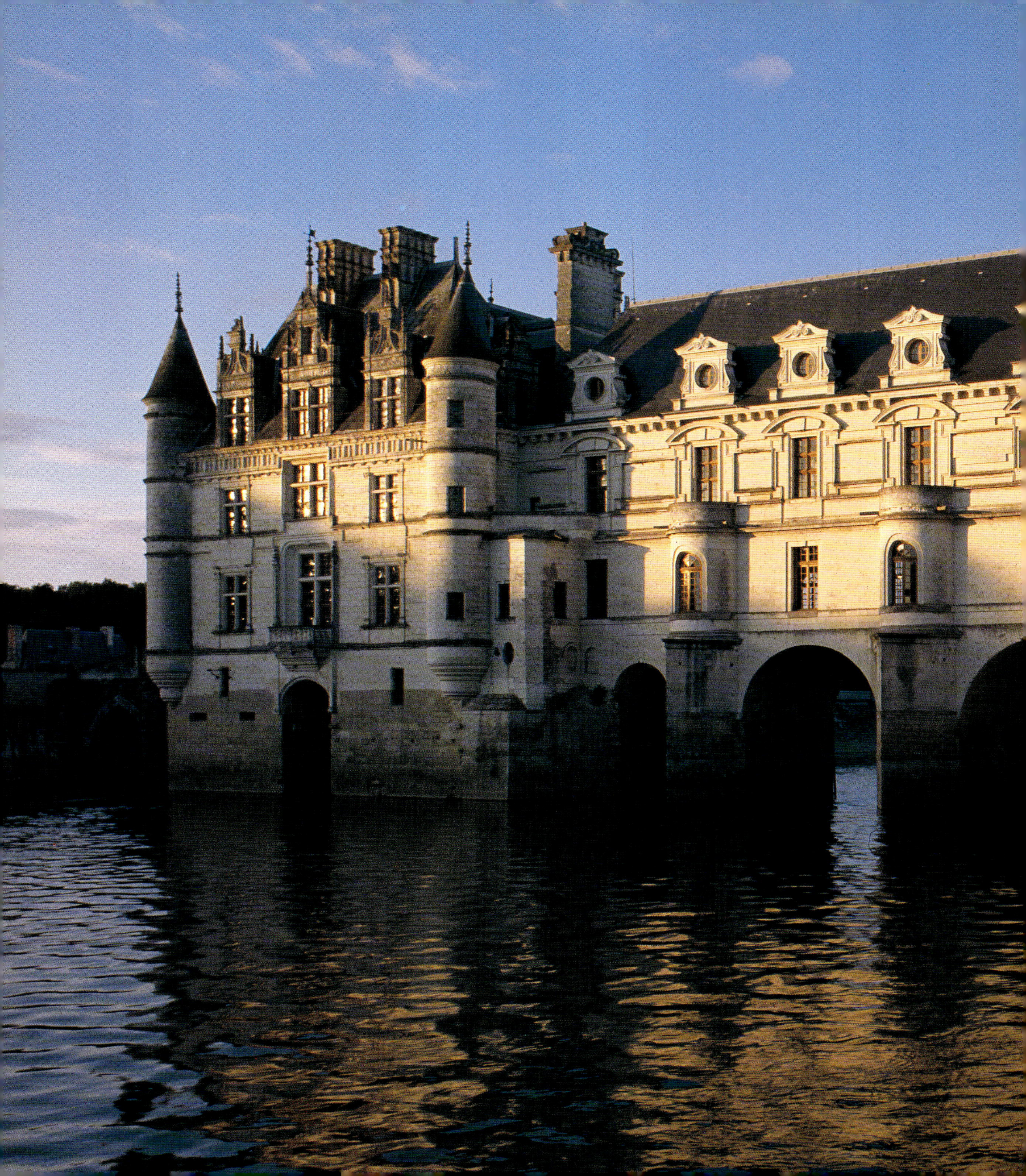

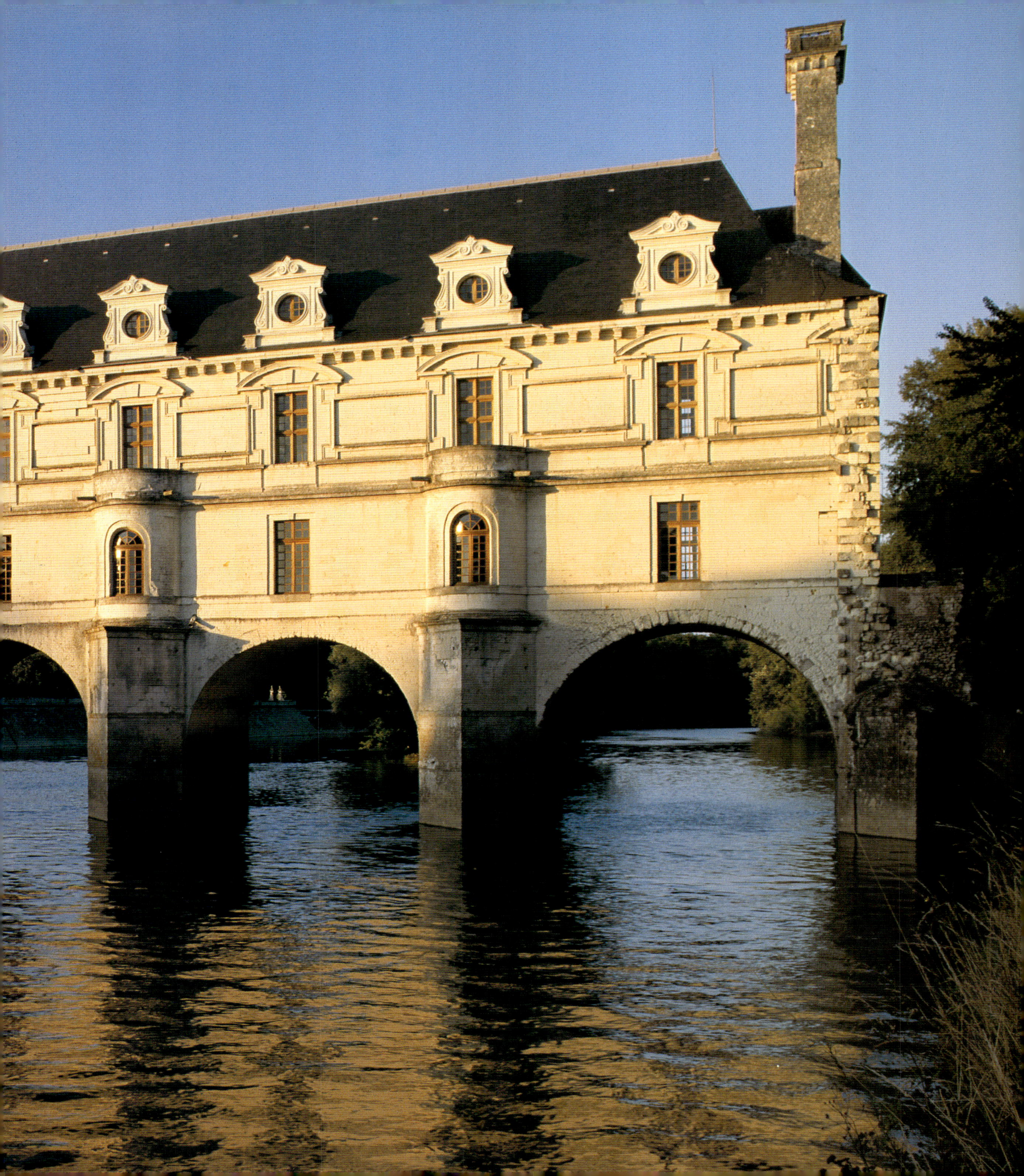

(*Pages précédentes*)
Val de Loire, château de Chenonceaux Moins royal que Chambord, mais aussi plus pittoresque, le château de Chenonceaux se déploie sur toute la largeur du Cher. Edifié au début du XVIe siècle par la femme d'un receveur des finances, il se compose alors du seul corps de logis rectangulaire. Diane de Poitiers, puis Catherine de Médicis, en feront ensuite la merveille que nous connaissons : c'est à Catherine qu'on doit la galerie à double étage, construite sur le pont que sa belle rivale avait fait bâtir. Cette rivalité se marque encore dans les deux jardins en vis-à-vis, de chaque côté de la terrasse d'entrée au bord de la rivière. Jusqu'à l'assassinat d'Henri III, des fêtes incroyablement fastueuses y furent données. Le site frappe aujourd'hui par l'harmonie de sa composition champêtre, où les eaux, les massifs des jardins et les frondaisons du parc rehaussent encore l'élégance des bâtiments.

Val de Loire, Saint-Aignan Un vieux pont de pierre, une rivière, une petite bourgade dont les maisons s'étagent paisiblement à flanc de coteau, dominées par une collégiale romane et un château Renaissance lui-même bâti sur des fortifications féodales : c'est Saint-Aignan, au bord du Cher, au cœur d'une région de forêts et de vignobles. Mais ce pourrait être aussi bien telle ou telle de ces multiples petites villes qui composent, au gré des vallées et des plaines, les mille visages souriants, d'une sérénité presque intemporelle, de ce qu'on appelle la France profonde.

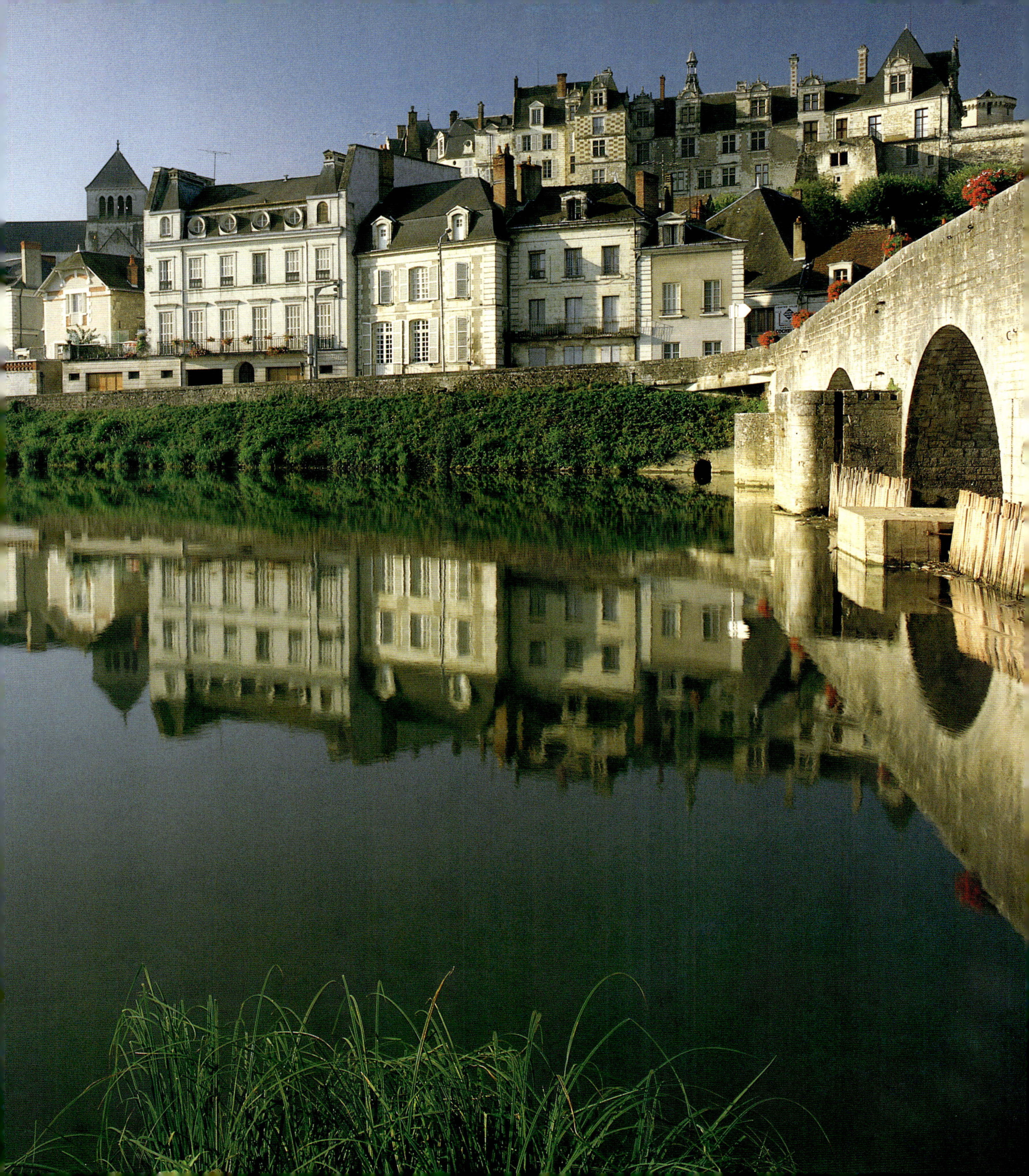

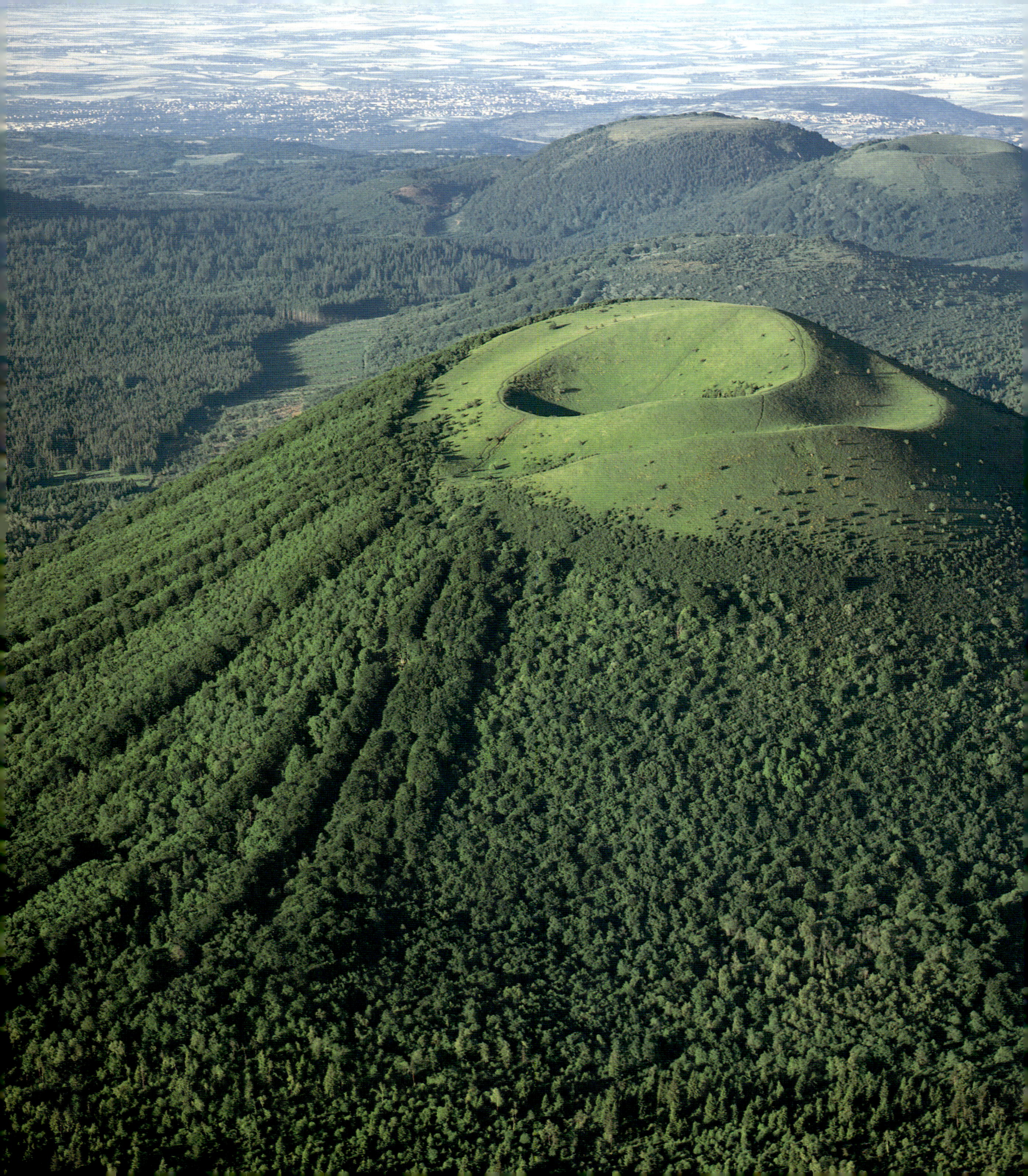

Massif central, paysage volcanique Le domaine des volcans d'Auvergne s'étend sur plus d'une centaine de kilomètres du nord au sud du Massif central. Il offre la vision toujours surprenante d'un paysage unique en France — énormes masses rocheuses aux escarpements déchiquetés, vallées profondes, lacs encaissés à l'eau d'une pureté cristalline — produit par l'intense activité volcanique de la fin de l'ère tertiaire et la glaciation qui lui succéda. Dans les monts Dore, au sud de Clermont-Ferrand, la capitale auvergnate, et résumant à lui seul l'histoire mouvementée d'une terre à la beauté rude et sauvage, comme taciturne, le massif du Sancy déploie son relief convulsé, d'où l'on peut voir, par temps très clair, jusqu'aux Alpes du Dauphiné.

A l'ouest de Clermont-Ferrand, la chaîne des Puys (ou monts Dômes) étire sur environ 30 kilomètres la longue théorie de ses 112 volcans éteints dont les cônes et les cratères impriment au paysage un rythme de formes quasi lunaires. *Ci-contre*, au premier plan, le puy de Côme avec ses deux cratères emboîtés l'un dans l'autre.

Massif central, le Puy-en-Velay
Dans son creux sillonné par une Loire encore toute proche de sa source, le Puy-en-Velay se présente dans le cadre étonnant de ses collines nées de la résistance des produits volcaniques à l'érosion, au milieu desquelles s'élèvent deux formidables monolithes : le rocher Aiguilhe (superbement couronné par l'oratoire Saint-Michel) et le rocher Corneille. Depuis un peu plus d'un siècle, celui-ci porte à son sommet une gigantesque statue de la Vierge-Mère tenant son Enfant, qui rappelle que la cité, et sa basilique édifiée dans le voisinage immédiat du rocher, furent pendant des siècles un des lieux de pèlerinage les plus fréquentés de toute la chrétienté européenne. Les rois de France venaient eux-mêmes y prier, et c'est comme si le paysage se souvenait encore de leur grandeur souveraine.

(A droite)
Massif central, Lavoûte-Chilhac Au nord-est du Puy, étirant curieusement son double cordon de maisons à l'intérieur d'une boucle de l'Allier, Lavoûte-Chilhac et son église gothique inscrite dans une abbaye bénédictine dont la disposition en hémicycle semble répondre à la courbe de la rivière.

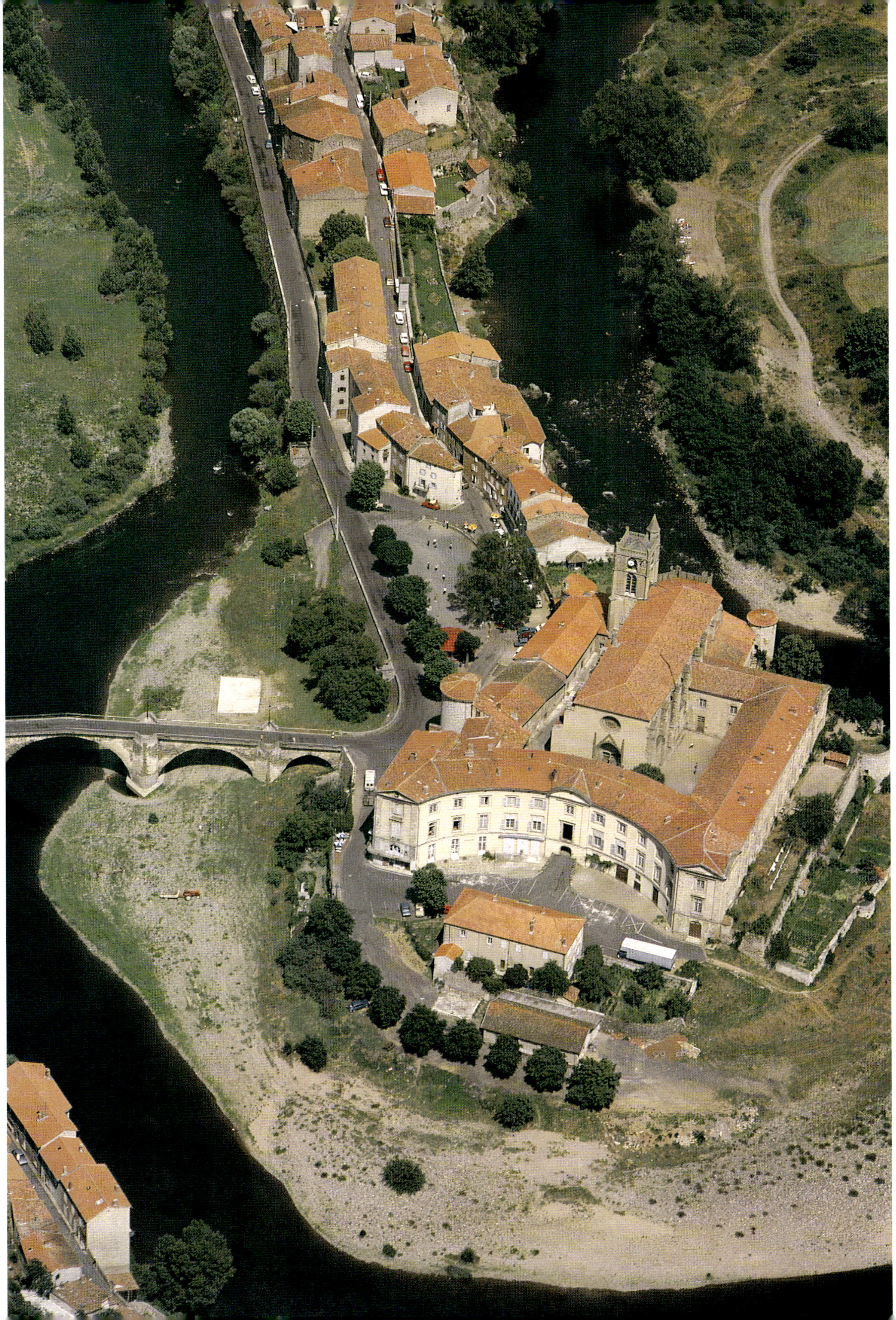

Massif central L'histoire de l'Auvergne est presque aussi tumultueuse que son passé volcanique. Foyer de la résistance gauloise lors de la conquête romaine, la région se couvre ensuite, au Moyen Age, de châteaux forts : pas un piton rocheux qui ne voit alors s'ériger ces puissantes forteresses (comme ici Château-Rocher, dans les gorges de la Sioule) dont la solitude hiératique continue de solliciter si éloquemment notre imagination.

Mais c'est aussi à une autre forme de dentelle que la région doit une partie de sa renommée : celle toute paisible, patiente et subtile, des dentellières du Puy.

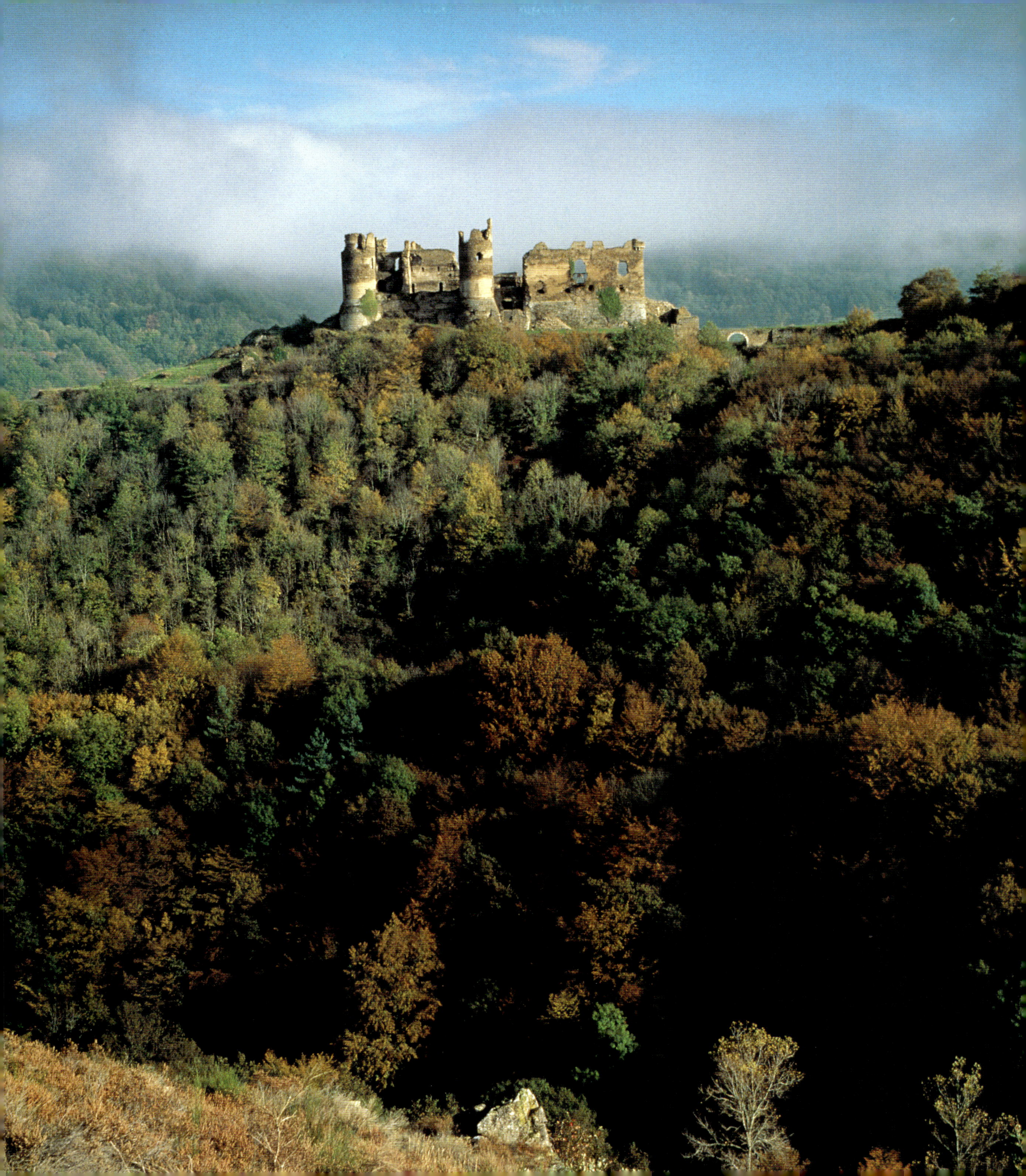

Dordogne, Collonges-la-Rouge A l'ouest du Massif central, face au bassin de Brive, dont les paysages vallonnés ont déjà quelque chose de méridional : Collonges-la-Rouge. Bâti en grès pourpre, dont la pierre donne à chaque mur cette coloration chaleureuse, entre le rouge et l'ocre, le village s'est développé depuis le VIIIe siècle autour de son église fortifiée et de son prieuré. Au XVIe siècle, devenu lieu de villégiature des grands commis de la vicomté de Turenne, le site se voit orné de gentilhommières, manoirs et logis flanqués de tours et de tourelles, comme on en retrouve ici dans l'architecture robuste et élégante de cette simple ferme.

Dordogne, marché aux bestiaux La vie rurale continue d'être rythmée dans la région par les grands marchés aux bestiaux, occasions traditionnelles d'une convivialité paysanne dont la modernisation, pourtant considérable, des activités agricoles, n'a nullement supprimé les rites séculaires.

Dordogne, truffes et foie gras C'est sur les plateaux rocailleux du causse périgourdin, avec ses bois de chênes rabougris, ou plus au sud, dans les sombres forêts de chênes verts du Périgord noir, que mûrit cette perle de l'art culinaire : la truffe. Champignon noir, parfumé, qui se développe à une vingtaine de centimètres de profondeur sur les racines d'un chêne, on la découvre grâce au flair d'un chien ou d'une truie, attirés par son parfum : quand l'animal cherche à la déterrer, il ne reste plus au « caveux » qu'à écarter l'animal et à extraire délicatement le champignon à l'aide de sa canne à bec.

Autre merveille de l'art culinaire de la région : le foie gras. Chaque année, des milliers d'oies et de canards sont élevés dans les basses-cours du Périgord et du Quercy. Obtenu par un gavage progressif de plusieurs mois, qui se termine sur une phase intensive (à l'entonnoir) de trois semaines, le foie gras se déguste de préférence accompagné du vin blanc liquoreux de la région de Bergerac, le Montbazillac, ou d'un grand Bordeaux blanc comme le Sauternes, servi frappé.

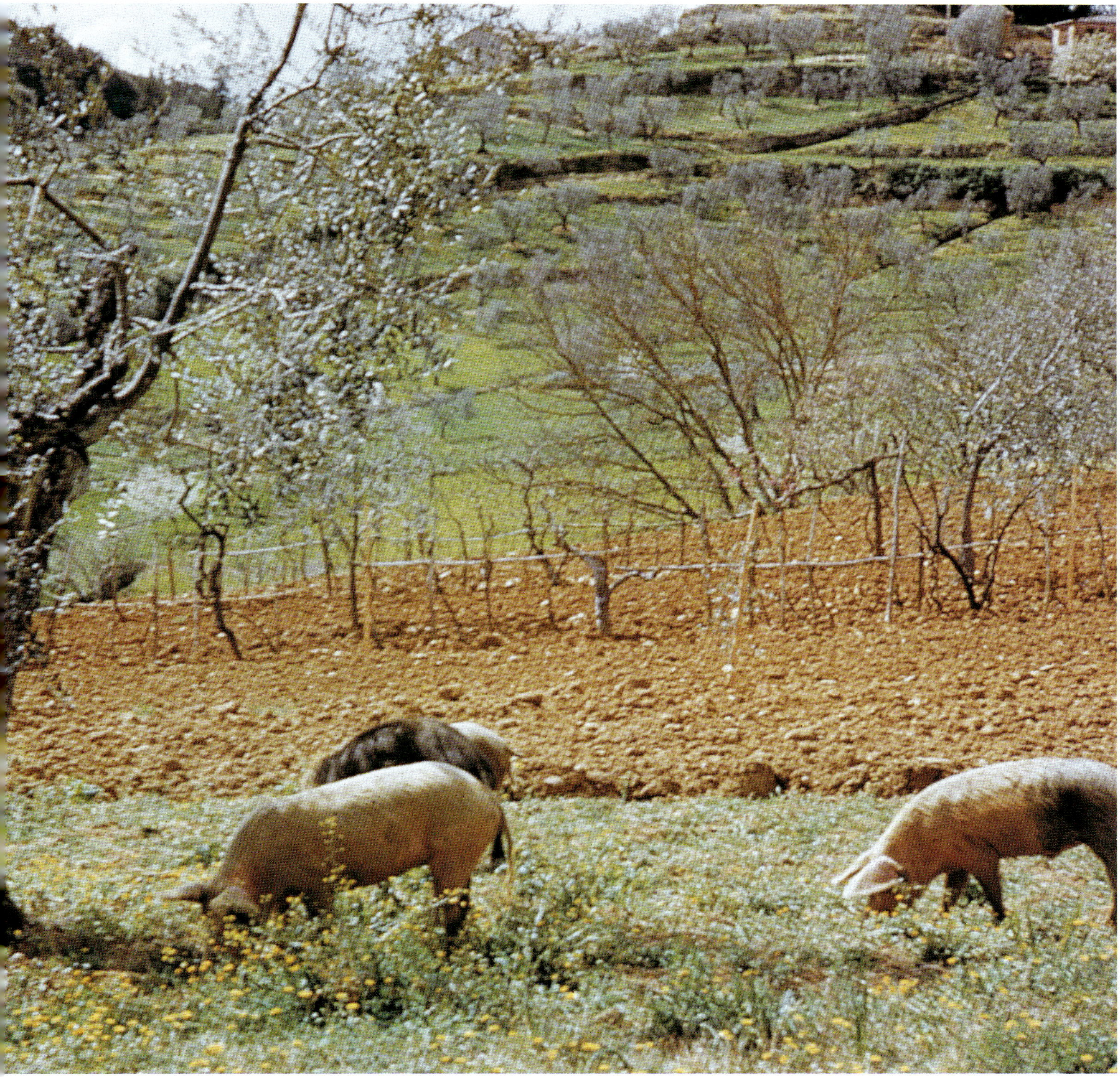

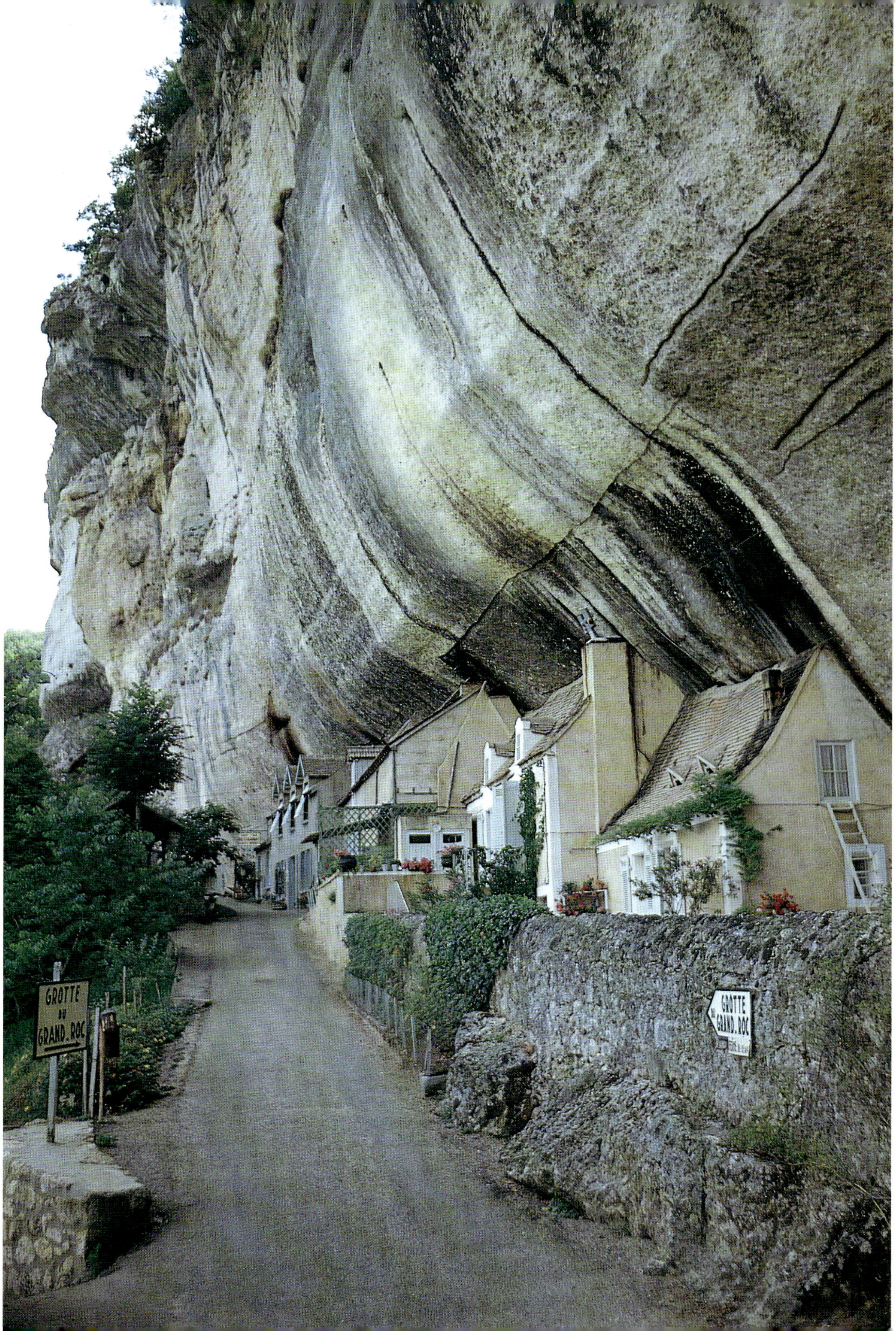
GROTTE
DU
GRAND ROC
GROTTE
DU
GRAND ROC

Dordogne, Les Eyzies Les vallées du Périgord et leurs rocs en surplomb ont constitué très tôt (150 000 ans avant J.-C.) une zone d'habitation privilégiée pour les hommes de la Préhistoire. La vallée de la Vézère est particulièrement riche en gisements préhistoriques. A proximité immédiate du site célèbre de Cro-Magnon, celui des Eyzies offre ses habitats creusés à la base des masses calcaires, dans les parois rocheuses enserrant la Vézère, laquelle coulait alors à une trentaine de mètres au-dessus de son niveau actuel. Pendant plusieurs dizaines de milliers d'années, les hommes ont vécu dans ces abris, y laissant de multiples traces de leurs activités (cendres de foyers, outils, armes, etc.).

Dordogne, Lascaux Non loin de là, en amont, la grotte de Lascaux offre sa fantastique collection de 1 500 dessins et peintures de la période magdalénienne (17 000 avant J.-C.) qui en font un musée unique au monde de l'art pariétal de la Préhistoire : sur les parois des quatre galeries, se détachent en silhouettes colorées taureaux, chevaux, cerfs, bisons et mammouths, dessinés avec une sûreté de trait, un art du geste et du mouvement véritablement sidérants. Devant les risques de grave détérioration de ces œuvres brusquement mises au contact de l'air après des millénaires de conservation hermétique, la grotte a été refermée en 1963, et sa réplique absolument exacte a été ouverte au public en 1983.

Dordogne, la Roque Gageac Dans sa traversée des plateaux du Périgord, la Dordogne dessine d'amples courbes, frôlant en aval de Sarlat la base de rocs abrupts où s'accrochent des châteaux témoignant d'un passé mouvementé. Entre la bastide de Domme (en amont) et les forteresses de Castelnaud et de Beynac dressant leur silhouette protectrice ou menaçante à l'extrémité de promontoires surplombant en à-pic la rivière, la Roque Gageac est tout entière bâtie au pied de sa « Falaise d'Or » couronnée de chênes verts. Sous l'encorbellement des roches, la petite bourgade aux toits de lauses s'orne des deux logis à pignons aigus du manoir de Tarde, avec sa tour cylindrique et ses fenêtres à meneaux.

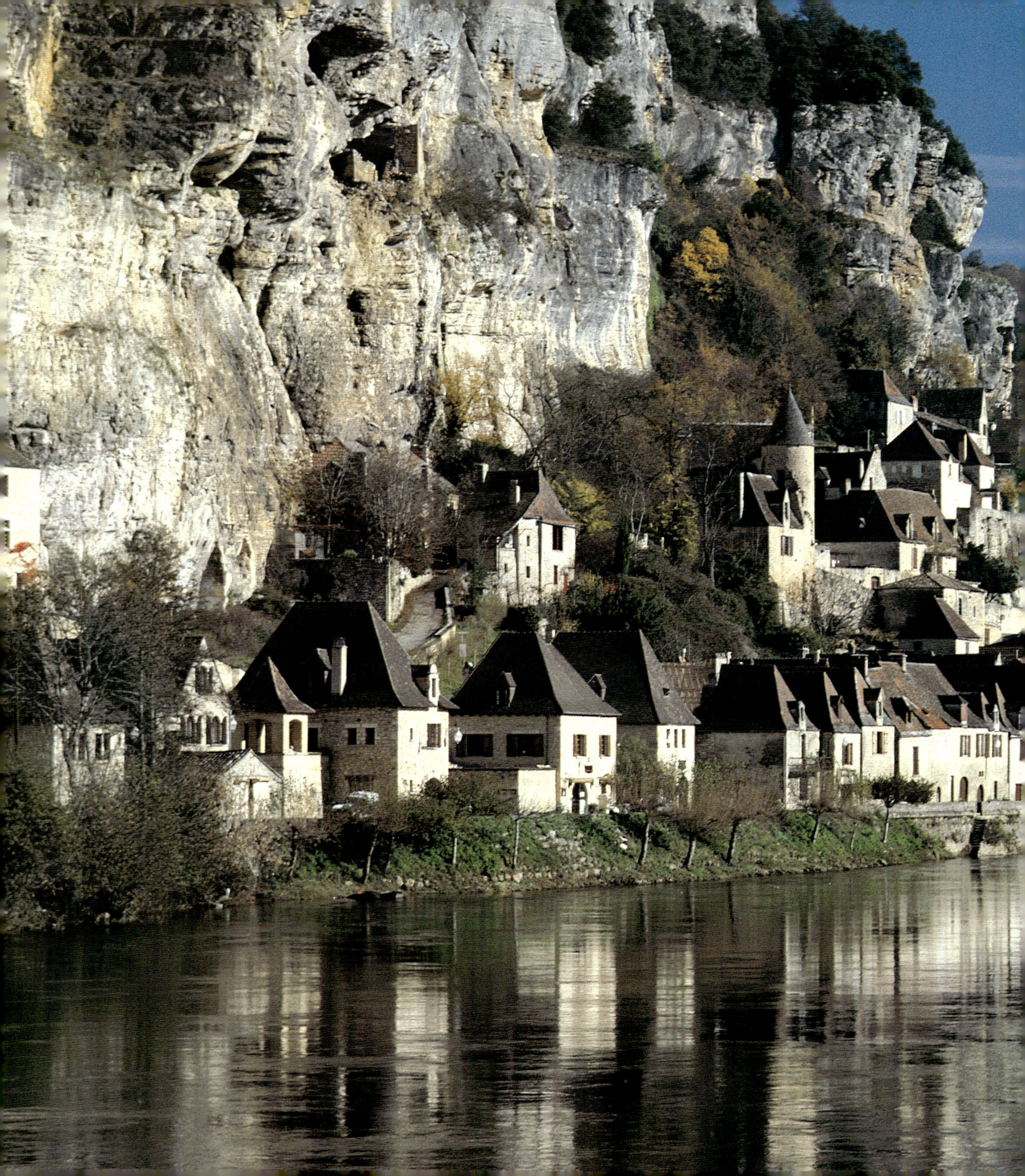

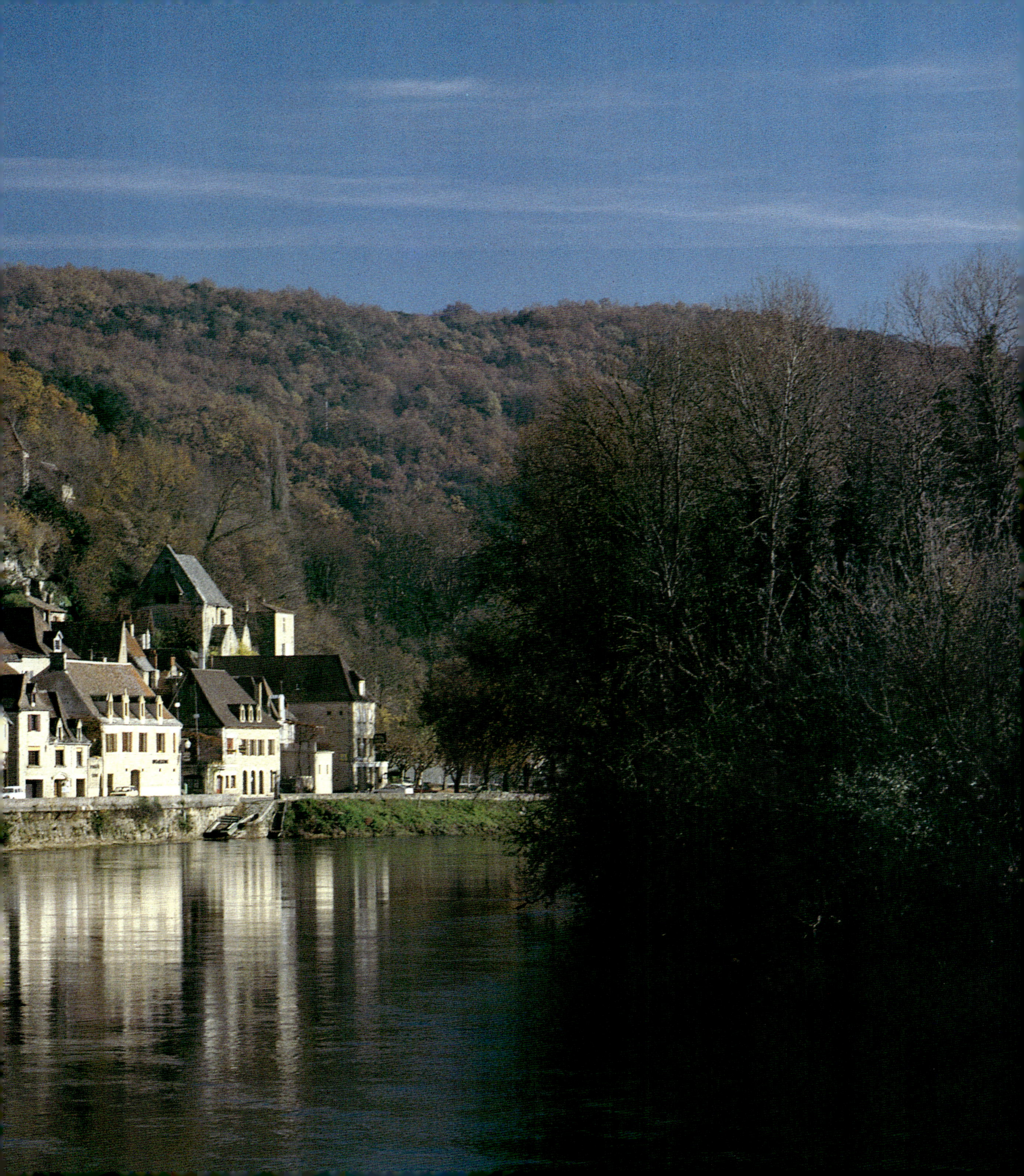

Dordogne, du côté de Salignac Face à la coupe abrupte du causse Martel (sur le flanc sud-ouest du Massif central), où règne entre les bois de chênes et de pins noirs l'âpre solitude des combes tapissées de pierrailles et de graminées desséchées par l'été, les plateaux du Périgord noir présentent l'austère beauté de leurs calcaires gris ou dorés et de leurs taillis de châtaigniers au feuillage vert sombre. Plus à l'ouest, vers Salignac et Sarlat, on voit s'intercaler entre les buttes (les « pechs ») recouvertes de chênes verts, de larges étendues (les « plaines ») de prairies et de pièces de labour portant céréales et tabac. Terre contrastée, où alternent selon les reliefs richesse plantureuse et aridité des rocailles.

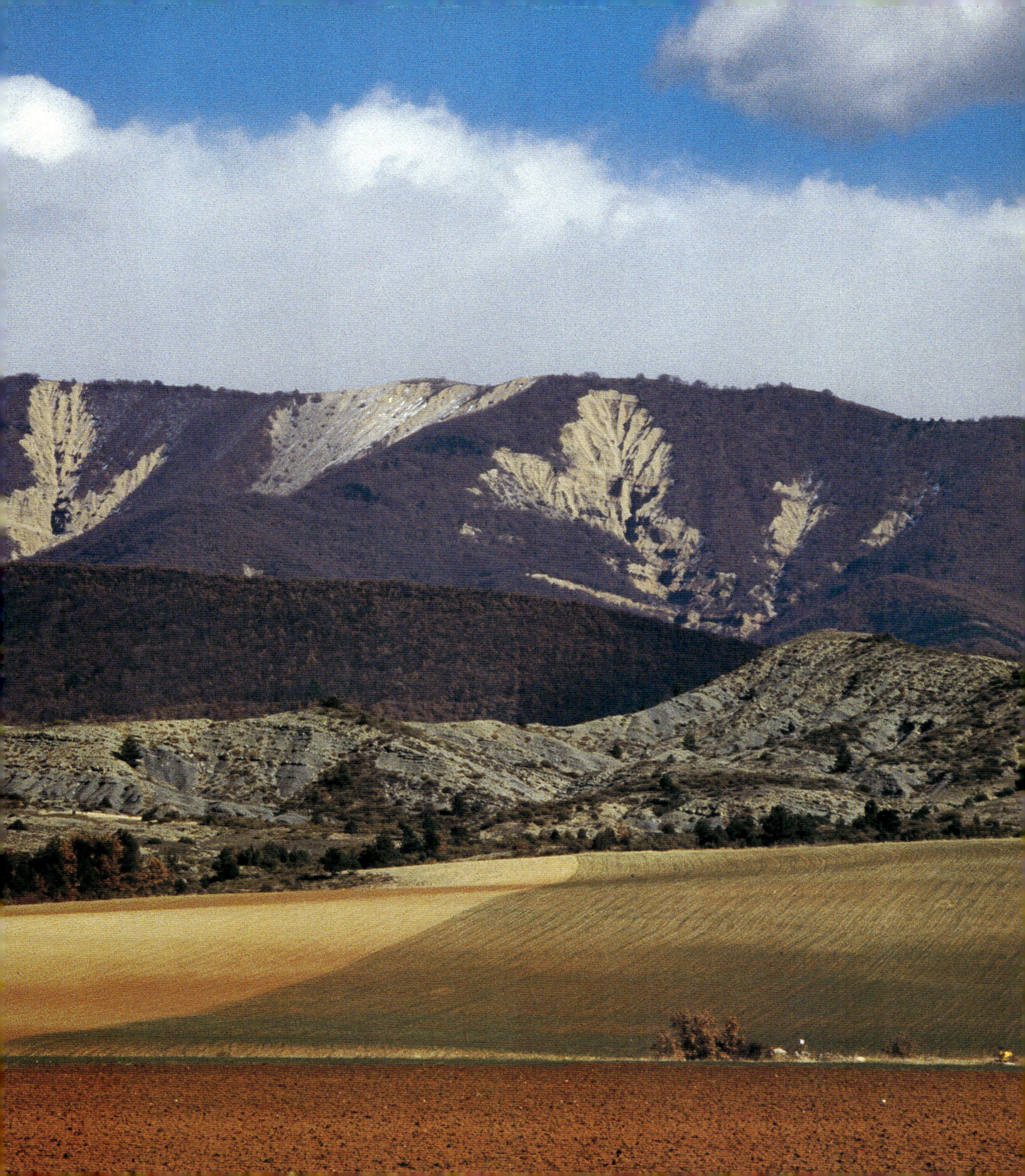

Poitou-Charente, le Marais poitevin
Curieux paysage que celui du Marais poitevin, à l'ouest de Niort, qui s'étend presque jusqu'à la côte océane, de part et d'autre de la Sèvre niortaise, et auquel on a donné dans sa partie la plus pittoresque le joli nom de Venise verte. Tout au long d'un labyrinthe de chemins d'eau (« conches » et « rigoles ») enserrant herbages et jardins à primeurs, les peupliers et les saules tamisent de leur feuillage le ciel d'été, donnant des reflets glauques aux miroirs silencieux de l'eau. Sur des îlots, regroupées en petits villages, les maisons basses blanchies à la chaux abritent les maraîchins, éleveurs de vaches laitières, mais aussi grands pêcheurs d'anguilles et chasseurs de bécassines. On y circule sur les « plates » noires manœuvrées à la « pelle », et dans les parties les plus reculées du marais mouillé, c'est encore ainsi qu'on transporte récoltes et bétail.

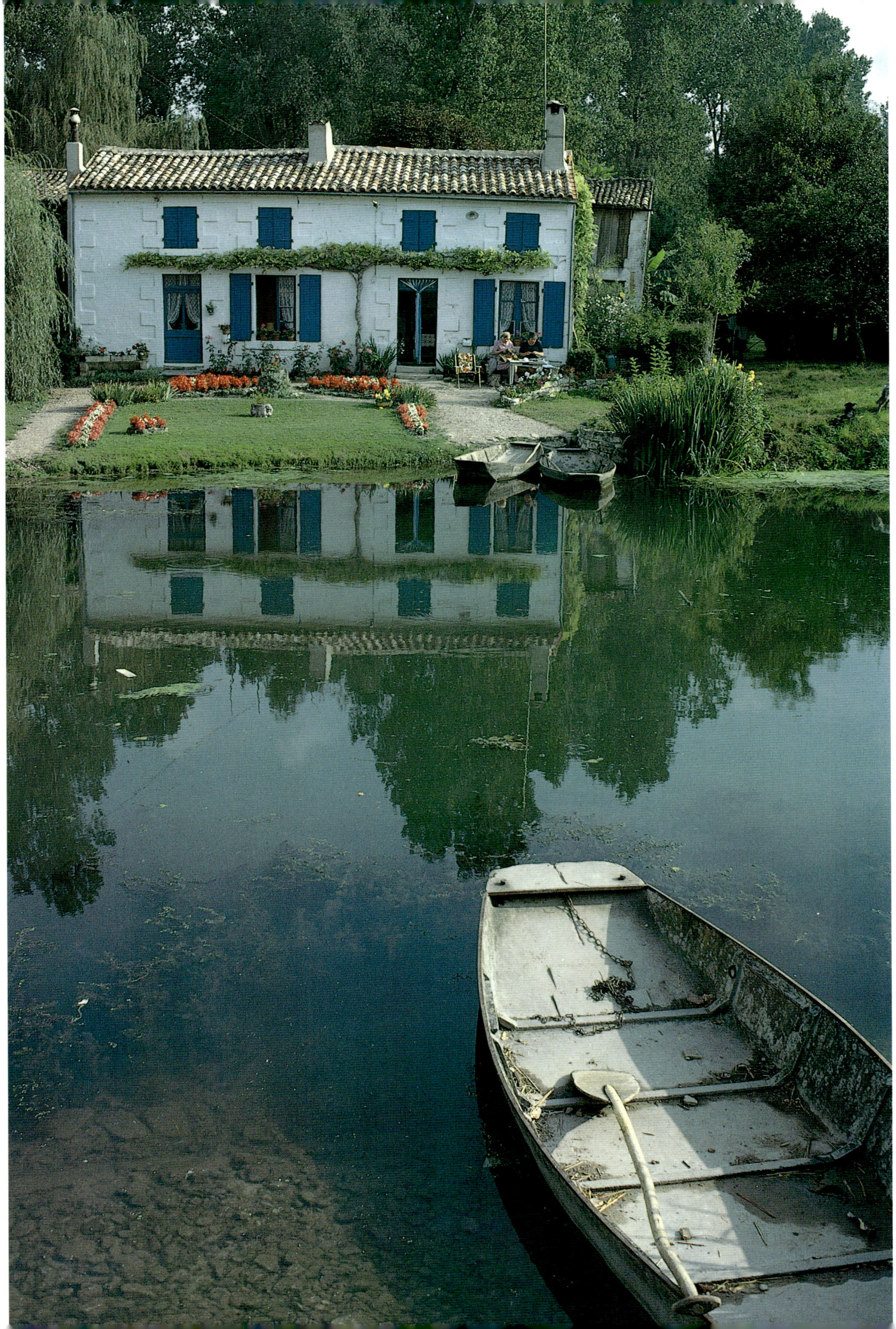

GRANDE
CHAMPAGNE
1906

Poitou-Charentes, Cognac Depuis le XVIIe siècle, le cœur des Champagnes charentaises bat à Cognac, dans cette vallée qui offre ses ondulations crayeuses à la vigne blanche dont naîtra la fameuse eau-de-vie.

La distillation des vins se fait dans un alambic de cuivre martelé, par brûlage à « feu nu et doux » : la première chauffe donne un alcool encore impur (le « brouillis ») ; la seconde (« la bonne ») permet d'obtenir, en la séparant des « repasses », « l'eau-de-vie de cœur ». Celle-ci est alors recueillie dans des fûts de chêne où elle séjournera entre cinq et quarante ans en moyenne. C'est dans les chais de Cognac que la Fine Champagne (de Grande et Petite Champagne, soit aux alentours immédiats de la ville) prendra sa belle robe ambrée, conservée dans les barriques de chêne du Limousin, ou dans ces dames-jeannes de verre recouvertes de leur treillis d'osier.

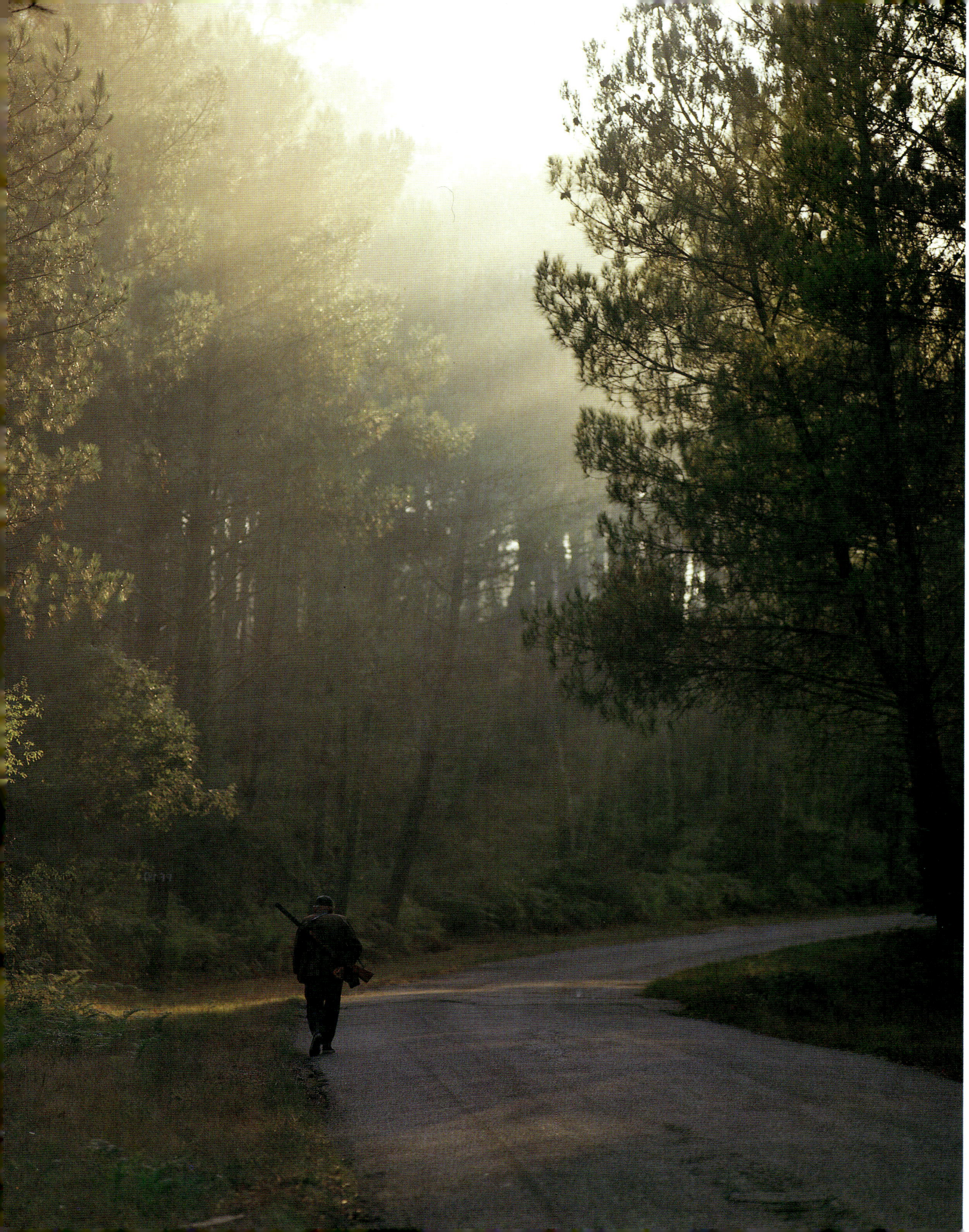

Landes, le T.G.V. Les trains à grande vitesse (T.G.V.) comptent parmi les réussites les plus spectaculaires de l'industrie française moderne. Dernier-né de cette technologie de pointe, le T.G.V.-Atlantique (Paris-Nantes) est saisi ici dans la réalisation de son premier record du monde, à 480 km/h — record porté quelques jours après à plus de 500 km/h. C'est ainsi, par exemple, qu'on peut maintenant rejoindre très rapidement Bordeaux, et prendre ensuite tranquillement la route du Sud, celle de l'Espagne. Là, entre la Gironde et l'Adour, s'étend la vaste plaine marécageuse des Landes, aménagée à la fin du siècle dernier en une immense forêt de pins maritimes destinée à bloquer l'avance des grandes dunes de sable bordant l'océan Atlantique. Forêt lumineuse, aux profondeurs légères, aériennes, baignées du parfum de la résine encore récoltée aujourd'hui par les gemmeurs.

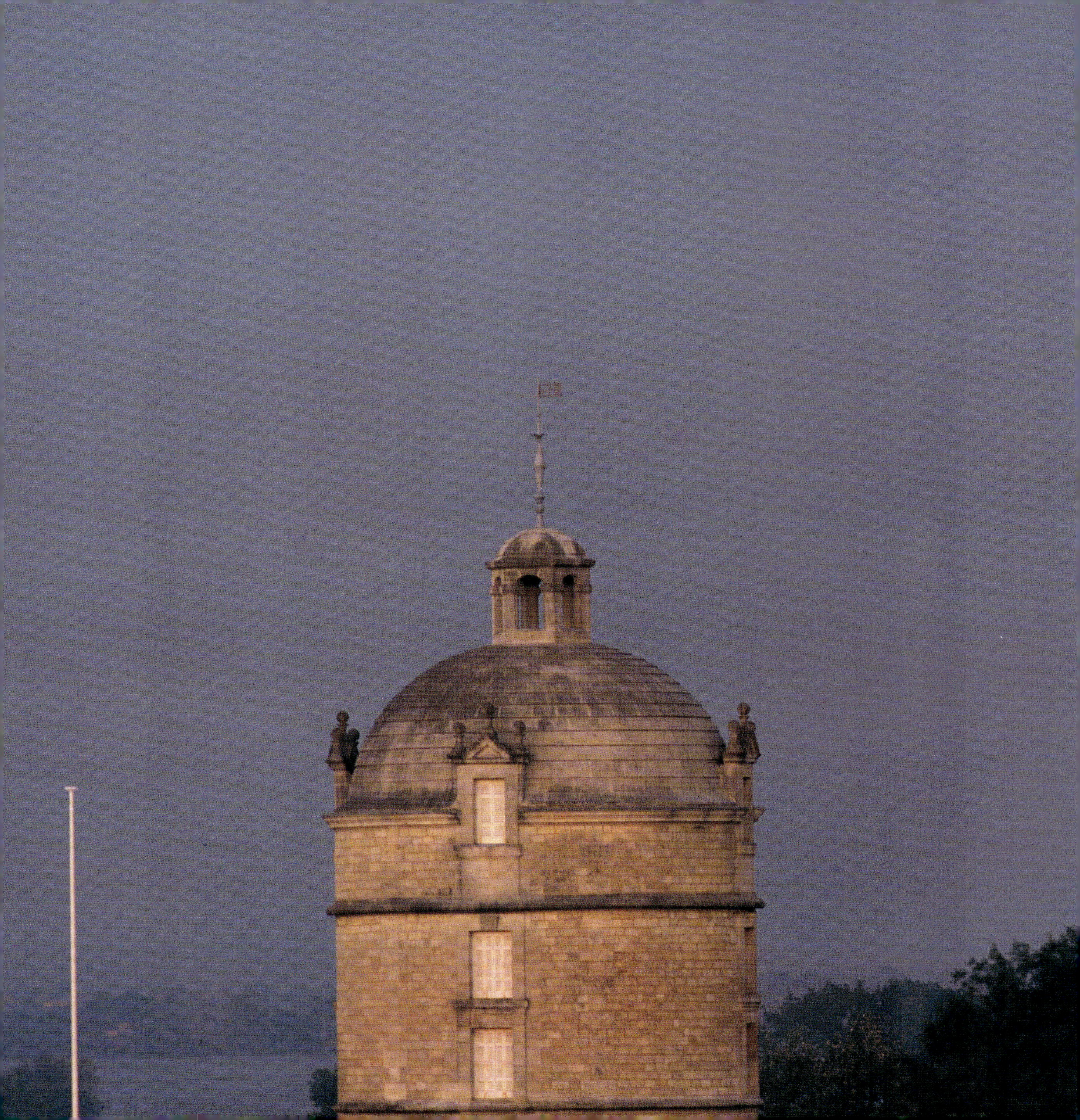

Bordeaux, châteaux et vignobles *In vino veritas* dit un vieux dicton franco-latin. En l'occurrence, vérité d'une culture ancestrale et de ses paysages, ceux du Bordelais, au cœur de la belle Aquitaine. Région bénie des dieux, où se conjuguent dans un équilibre subtil les pouvoirs contraires du soleil méridional, de l'eau (fluviale et marine) et de la terre. Opulentes vallées de la Garonne et de la Dordogne, long estuaire de la Gironde charriant ses graviers, l'Océan tout proche et son air salin : il en résulte des vins d'une magnifique diversité, très représentative de la culture française dans ce qu'elle a de meilleur — de l'élégance raffinée des grands Médoc ou du Sauternes à la puissance aromatique des Saint-Emilion, de la grâce nerveuse des Graves blancs à la chaleur charnue des Pomerol. Après les longs mois de maturation au soleil, c'est dans la fraîcheur obscure des chais (ici ceux de Château Lafite, réaménagés à l'époque moderne par l'architecte Ricardo Bofill) que l'âme du vin s'épanouira vraiment.

Bordeaux En bordure des quais aménagés le long de la Garonne, la place de la Bourse et son magnifique ensemble architectural illustrent à merveille l'essor — commercial et financier — de Bordeaux au XVIIIe siècle : c'est de cette époque que datent également le Grand Théâtre, les allées de Tourny et l'ancienne place Dauphine (devenue place Gambetta), qui font de la ville l'une des plus belles de France. Au-delà du « port de la Lune », d'où partaient autrefois pour l'Angleterre les cargaisons de « claret », s'étend aujourd'hui un vaste complexe portuaire que prolongent en aval, jusqu'au bout de l'estuaire de la Gironde, les ports industriels et pétroliers de Bassens, d'Ambès et du Verdon.

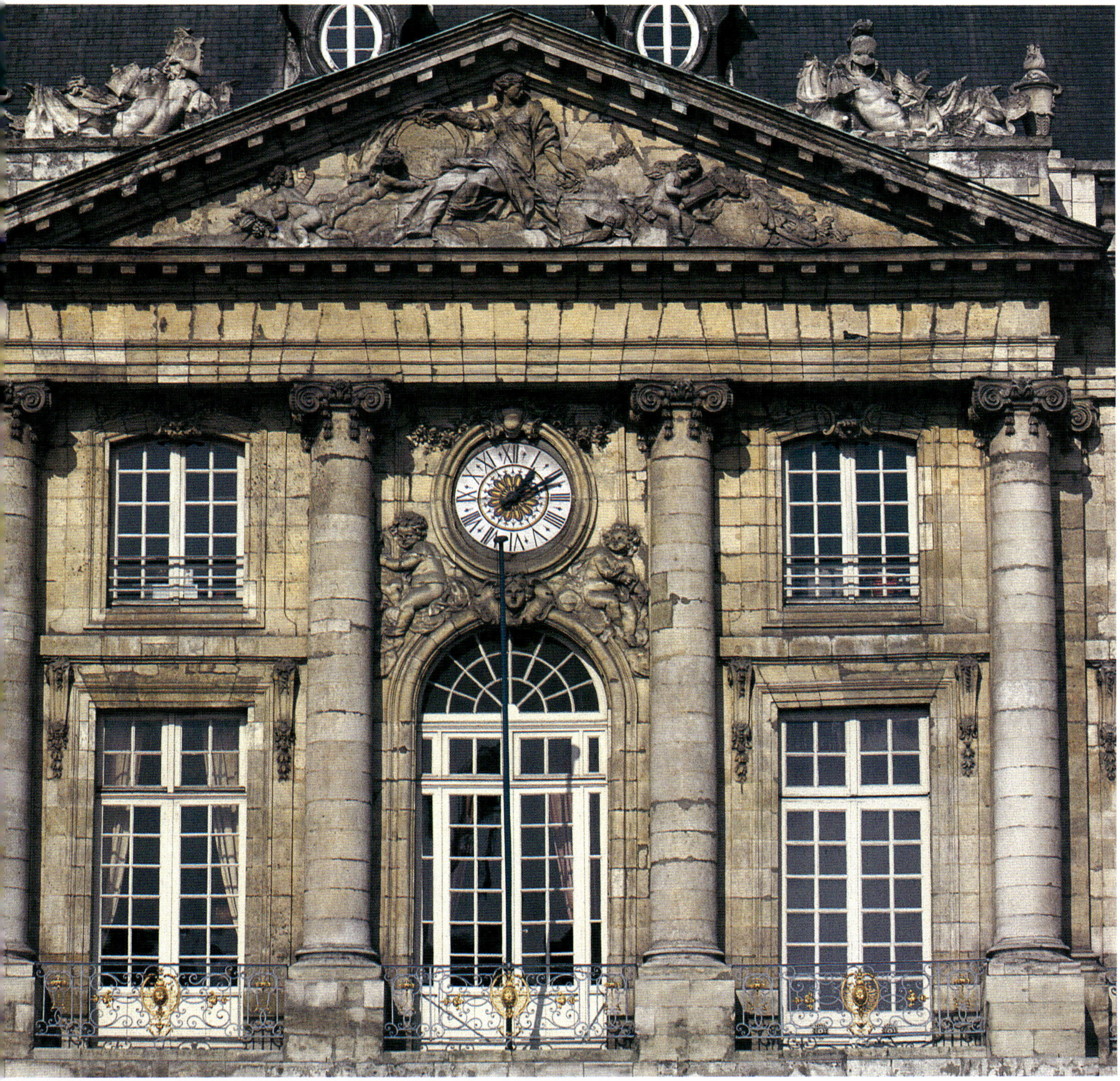

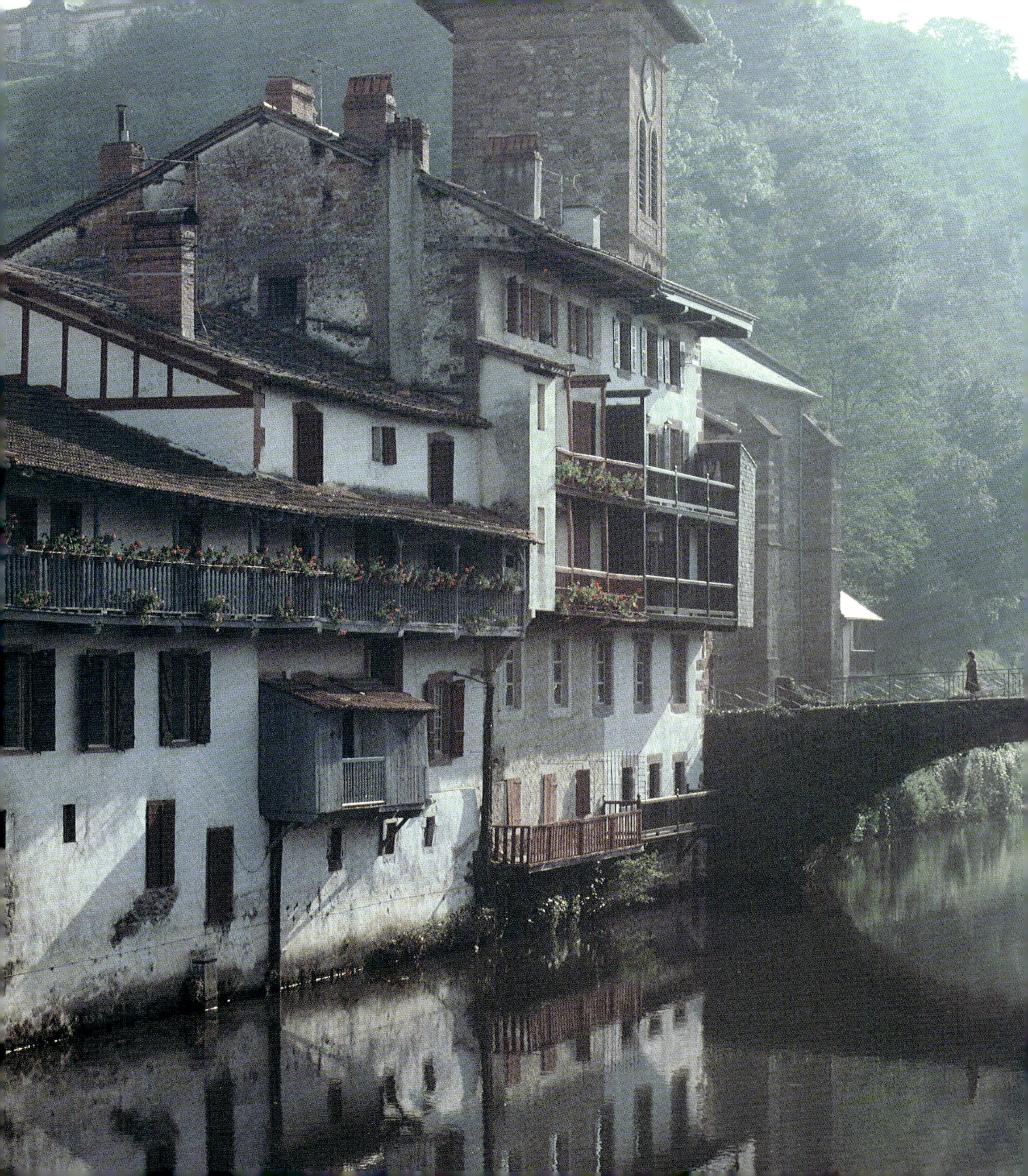

Pyrénées, Saint-Jean-Pied-de-Port
En Basse-Navarre, au pays basque, Saint-Jean-Pied-de-Port était la dernière étape des pèlerins de Saint-Jacques-de-Compostelle avant la traversée des Pyrénées par le Port (le col) de Roncevaux, qui avait vu périr autrefois le preux Roland. En bas de l'ancienne citadelle, le vieux pont est toujours là, de même que les maisons blanches aux balcons fleuris donnant sur la Nive. La rivière franchie, il ne reste plus qu'à prendre en face la rue d'Espagne, et à poursuivre le voyage, dans l'espace et dans le temps.

Pyrénées, vallée d'Aspe Dans les hautes vallées du Béarn, comme ici dans l'austère vallée d'Aspe, la vie pastorale traditionnelle est restée très active. De mai à juillet, les troupeaux gagnent peu à peu les pâturages de haute montagne, d'où ils redescendront en octobre. Certains s'en iront alors jusque dans les landes au nord de Pau, selon des coutumes et des droits que les montagnards ont su maintenir en vigueur depuis le Moyen Age. Les fromages de brebis des Pyrénées sont bien connus, mais le lait des brebis sert aussi à la fabrication du roquefort. La vallée d'Aspe fait partie du Parc national des Pyrénées, et c'est l'un des rares endroits où continuent de subsister tant bien que mal quelques ours bruns.

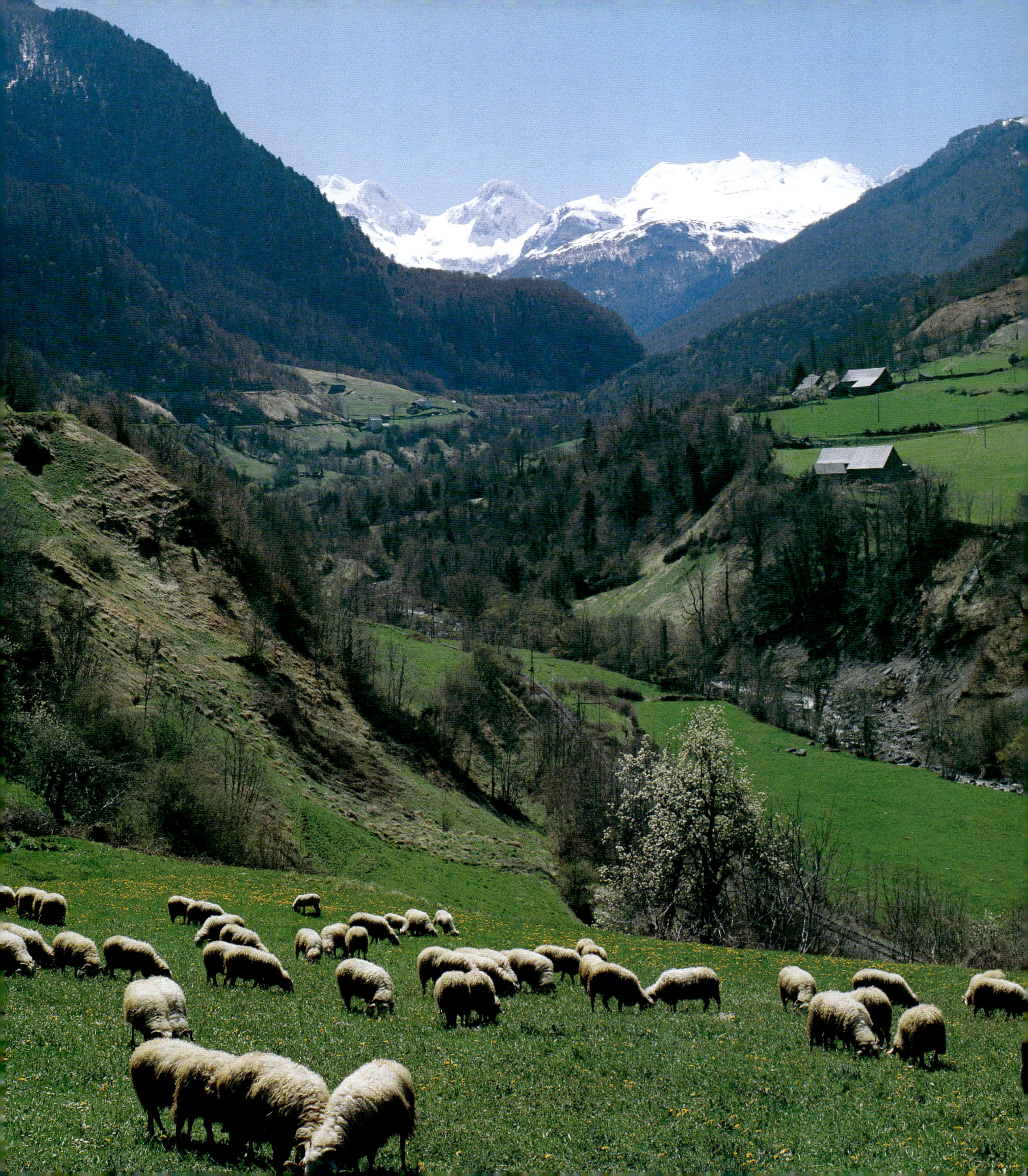

98

Pyrénées, Lourdes Née de la ferveur religieuse exceptionnelle d'une petite bergère de quatorze ans, Bernadette Soubirous, la notoriété de Lourdes et de ses pèlerinages a vite pris valeur universelle. Depuis la fin du siècle dernier, malades, pèlerins et visiteurs se rendent par centaines de milliers chaque année, durant les mois d'été, dans la petite cité au bord du gave de Pau : face à la basilique, la grande esplanade du Rosaire est alors le théâtre de ces présentations bouleversantes de malades venus là, poussés par l'ardente espérance d'un miracle qui mettrait fin à leurs souffrances. Au-delà des polémiques probablement inévitables en pareil domaine, reconnaissons du moins qu'il y a là un témoignage de foi populaire, massive, comme il en existe sans doute bien peu aujourd'hui.

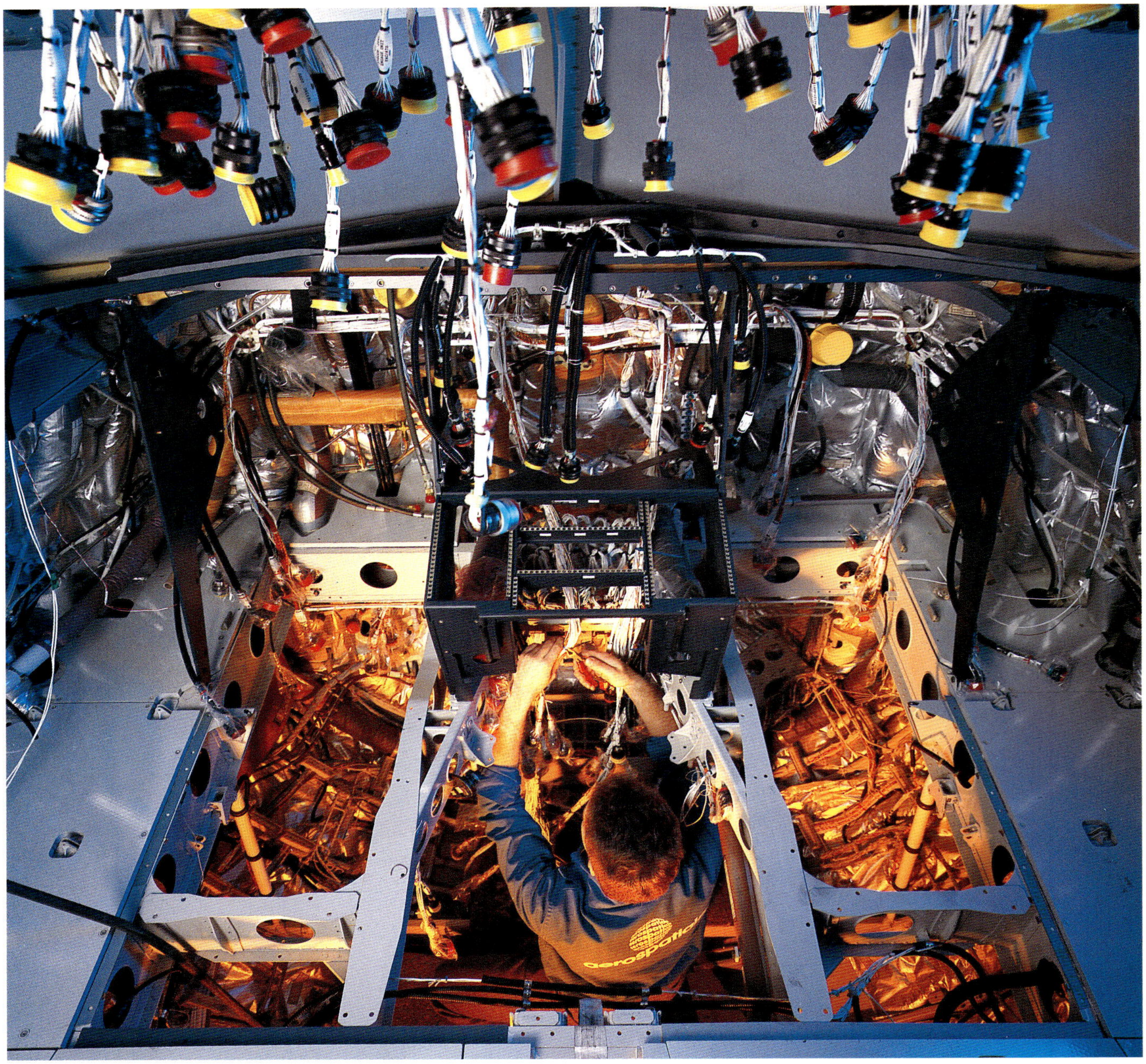

Toulouse Dans la grande tradition de l'Aéropostale et des lignes aériennes qui assuraient la liaison avec l'empire colonial français et l'Amérique du Sud, Toulouse est aujourd'hui une des capitales de la construction aéronautique européenne. Ici, dans les immenses hangars de l'Aérospatiale, on procède à l'assemblage des Airbus 320, à la construction desquels participent également la Grande-Bretagne, l'Allemagne et la Belgique.

(*Ci-contre*) Aménagement et câblage d'un cockpit d'A 320.

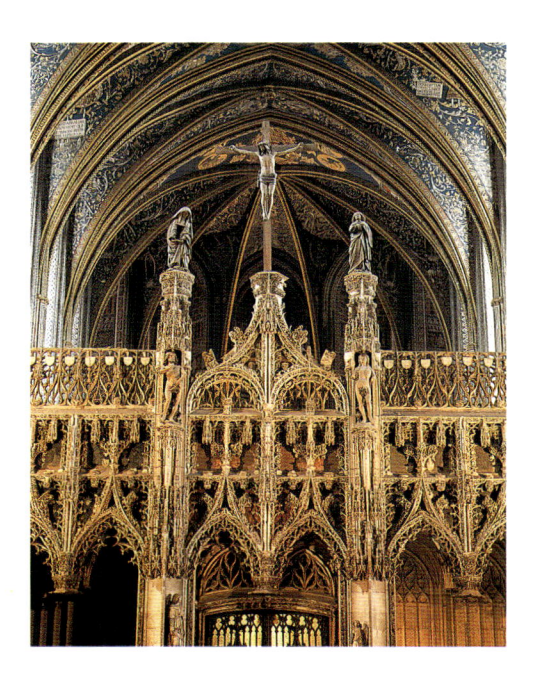

Languedoc-Roussillon, Albi Sur les bords d'un Tarn devenu nonchalant après avoir abandonné les derniers contreforts du sud-ouest du Massif central : Albi la rouge, son Pont Vieux du XIe siècle, ses ruelles tortueuses bordées de maisons à colombages et à briques entrecroisées, que dominent sa cathédrale et son palais épiscopal aux allures de forteresse, symboles de la victoire de l'Eglise sur l'hérésie cathare.

Construite à la fin du XIIIe siècle dans le style gothique méridional, la cathédrale Sainte-Cécile reçut progressivement ses finitions au fil des épiscopats : le chœur, érigé à la fin du XVe siècle, dans le style flamboyant finissant, se clôt sur un jubé magnifiquement ouvragé (*ci-contre*), véritable dentelle parée jusqu'à la Révolution de 96 statues dont ne subsistent que ce Christ en croix entouré de la Vierge et saint Jean surmontant Adam et Eve. Ce sont des artistes italiens qui ornèrent les parois et les voûtes de la nef de ces peintures éblouissantes, encadrées, sur fond d'azur, par les blancs et gris des rinceaux rehaussés d'or.

(*Pages suivantes*)
Languedoc-Roussillon, Chaos de Montpellier-le-Vieux Sur les grands plateaux calcaires des Causses, au sud du Massif central, apparaissent parfois d'insolites paysages de pierre aux formes sculptées par l'érosion. Par leurs dimensions grandioses et la disposition de leurs assises, de leurs corniches ou de leurs parois verticales, ils évoquent l'image d'énormes villes en ruines. Ainsi, à la surface du causse Noir, ce chaos, extraordinaire ensemble rocheux de 120 hectares baptisé Montpellier-le-Vieux par les bergers : masqué jusqu'à la fin du siècle dernier par une forêt impénétrable aux redoutables meutes de loups, le site était perçu comme une cité maudite hantée par le diable. Spectacle étrange que celui de ces rochers ruiniformes, qui sous le jeu des vagues sombres et lumineuses des levers et des couchers du soleil, devient véritablement hallucinant.

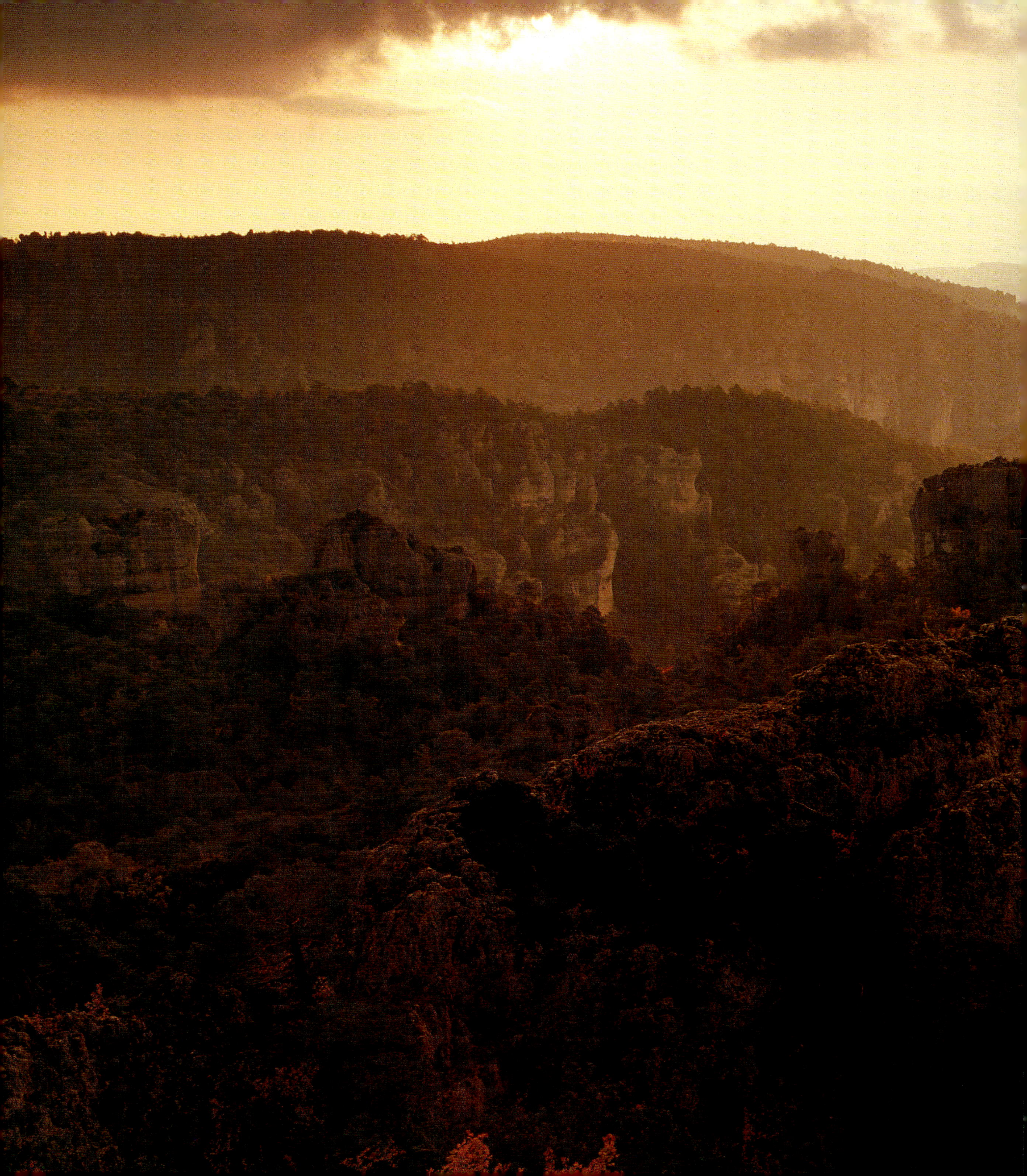

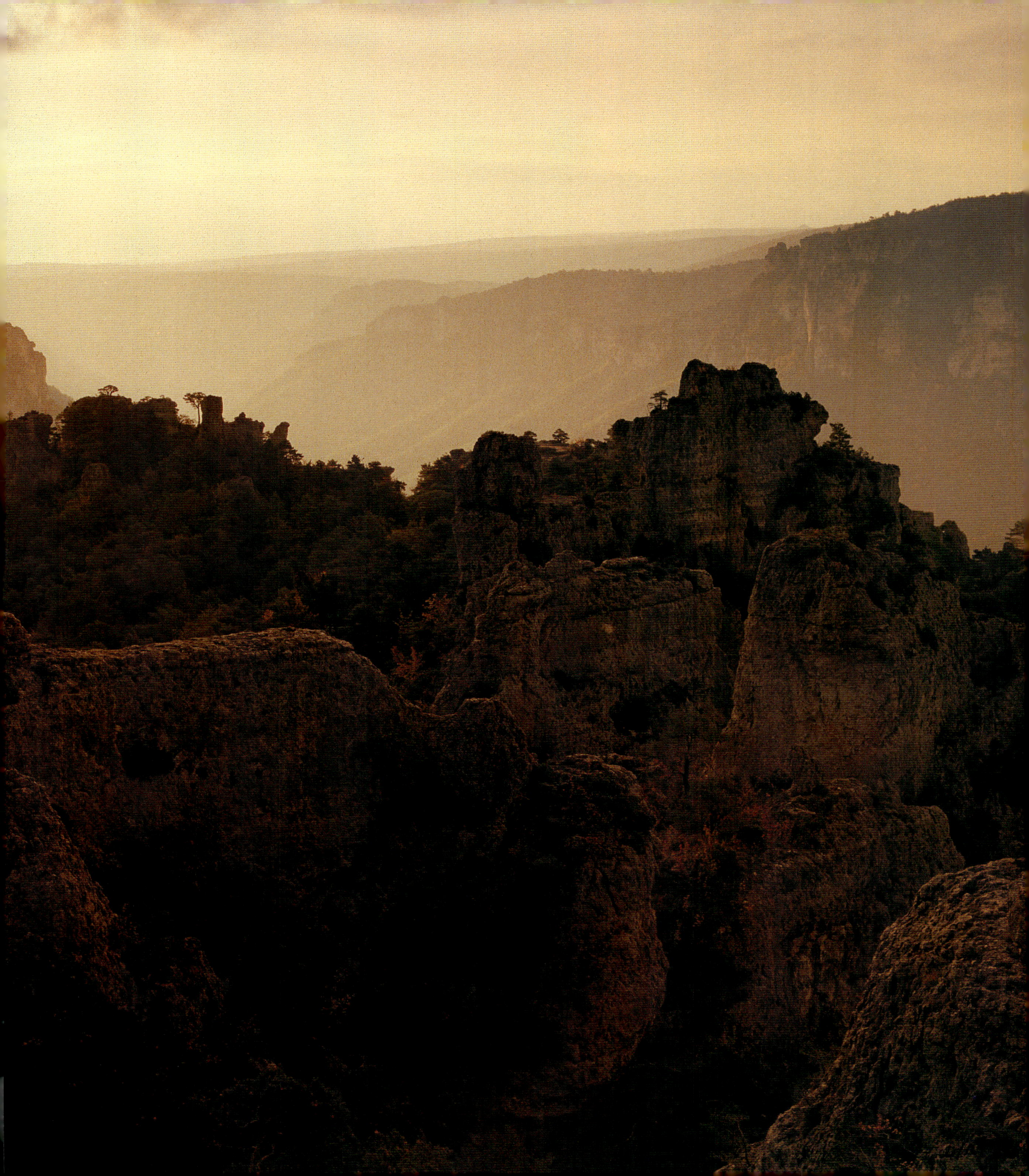

Languedoc-Roussillon, Collioure Au pied des Pyrénées orientales, le lumineux Roussillon abrite dans les baies et les anses rocheuses de sa côte Vermeille des villages marqués par leur vocation antique de petites cités maritimes. Ici, dominée par les Albères et leurs terrasses brûlées par le soleil, où s'étagent les vignes du grenache noir, c'est Collioure. Immortalisé par des peintres célèbres (dont Braque, Matisse, Picasso), le port distribue sur le fond bleu du ciel et de la Méditerranée les couleurs vives de ses maisons fleuries et de ses bateaux-feux qui, la nuit venue, s'en iront pêcher au lamparo le poisson-bleu...

Languedoc-Roussillon, cloître d'Elne A une dizaine de kilomètres au sud de Perpignan, adossé à la cathédrale Sainte-Eulalie, le cloître d'Elne oppose à la chaleur accablante des jours d'été l'ombre et la fraîcheur de ses voûtes et de ses colonnes aux chapiteaux magnifiquement sculptés, qui en font une des plus belles réussites de l'art roman dans la région.

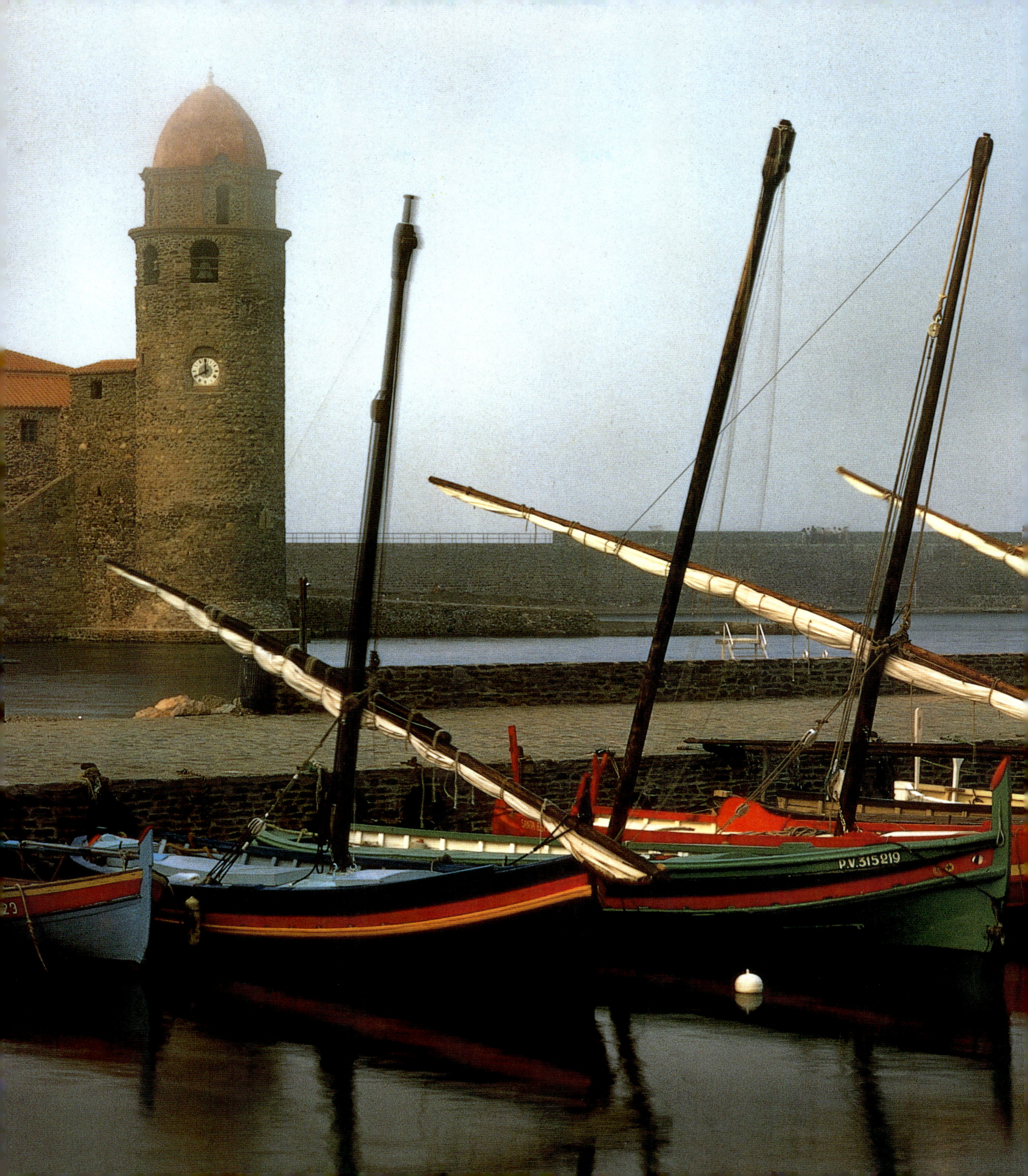
P.V. 315219

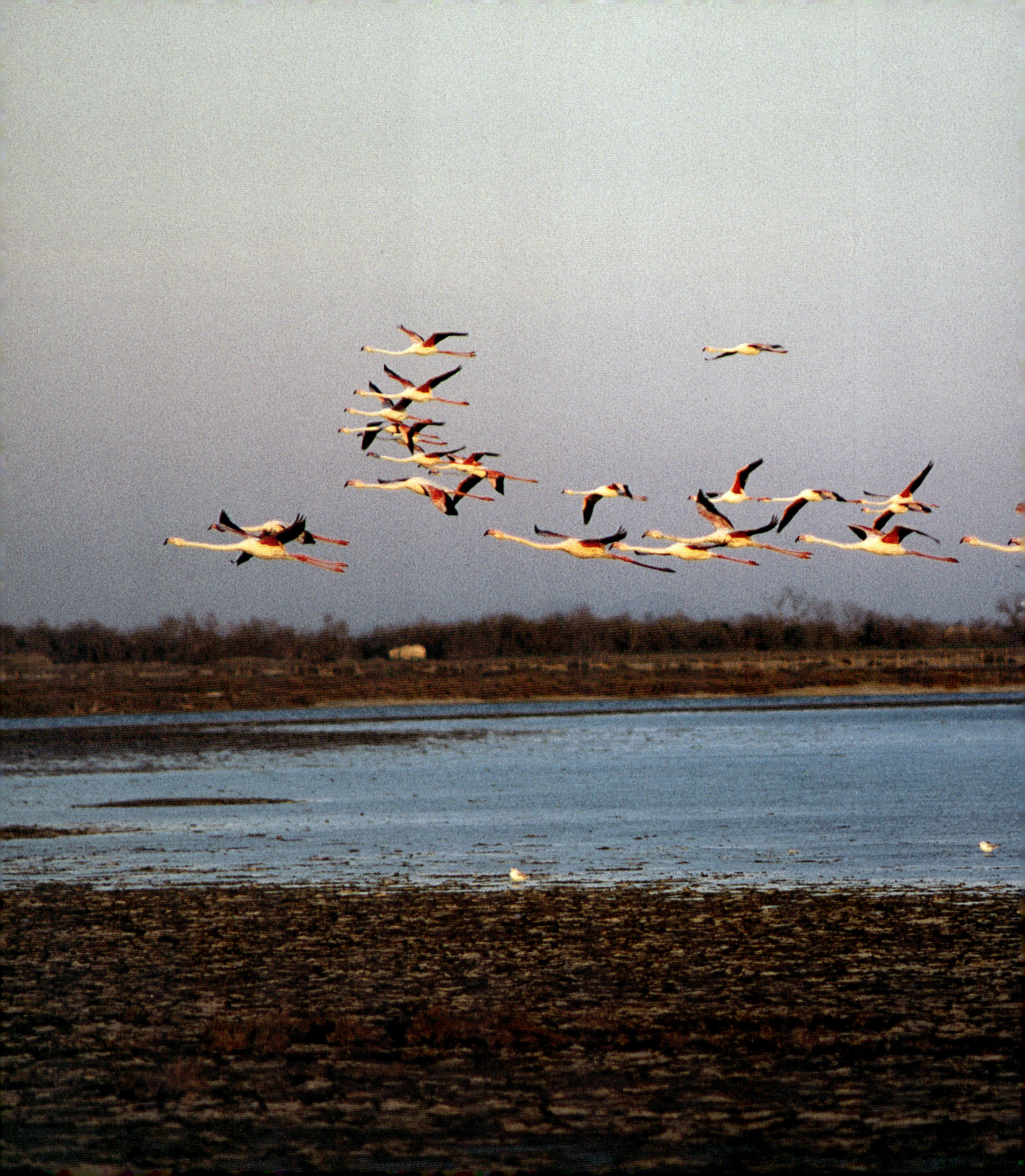

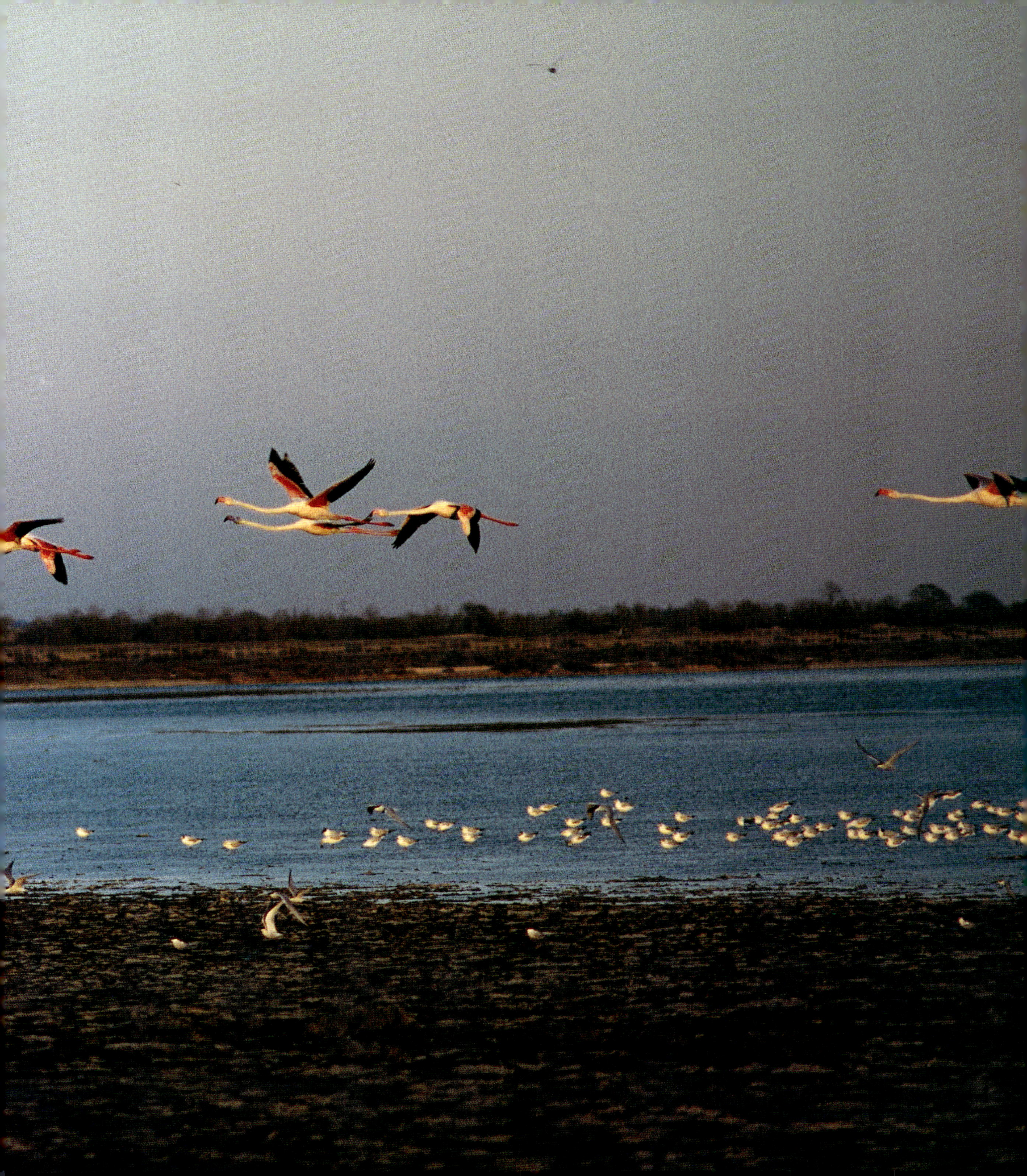

(Pages précédentes)
La Camargue Au sud d'Arles, dans le delta du Rhône, s'étend la vaste plaine marécageuse de la Camargue. Si la superficie des terres cultivables s'y est notablement accrue depuis une cinquantaine d'années, la part réservée à la nature sauvage, dans le sud du delta, reste considérable. Là, au milieu des étangs et des lagunes communiquant avec la mer, dans un paysage où le ciel méditerranéen se déploie démesurément, prolifère en toute liberté une faune d'une extrême richesse. Oiseaux, surtout, comme les superbes flamants roses vivant en colonies de milliers d'individus. Mais aussi troupeaux de taureaux sauvages (manades), qui seront utilisés dans les courses à la cocarde pratiquées en Provence (en Arles et à Nîmes, notamment), et que surveille ce personnage typiquement camarguais, dont le pittoresque n'altère en rien la parfaite authenticité — le guardian. Excellent cavalier, celui-ci monte aujourd'hui comme hier le Camarguais, cheval dont l'origine remonterait selon certains à la Préhistoire.

Sud, Nîmes et Orange Nîmes, Orange, Arles : autant de villes qui témoignent du brillant de la civilisation gallo-romaine dont a été si profondément marquée l'histoire de la Provence, et dont subsistent d'impressionnants monuments. L'amphithéâtre des arènes de Nîmes (*ci-dessous*), au demeurant le mieux conservé de tout le monde romain, a vu se dérouler autrefois nombre de combats de gladiateurs. Sans doute n'est-ce pas un hasard si, sous l'influence cette fois de l'autre grande culture du sud de l'Europe occidentale — celle de l'Espagne —, de grandes corridas y sont maintenant organisées chaque année, dont la saison trouve son point d'effervescence ultime dans une féria qui embrase alors toute la ville, de nuit comme de jour.

Fort bien conservé lui aussi, le théâtre antique d'Orange, édifié sous le règne d'Auguste (dont on voit à gauche la statue monumentale), offre aujourd'hui son décor prestigieux à l'un de ces multiples festivals artistiques dont la Provence moderne s'est fait une spécialité, les Chorégies, où se font entendre les plus belles voix de l'opéra contemporain, qui bénéficient là d'une acoustique exceptionnelle, mise au point dès l'époque romaine.

Sud, Avignon Enjambant de ses 22 arches les deux bras du Rhône sur une longueur de près d'un kilomètre, tel était le fameux pont d'Avignon célébré dans la chanson, qui fut rompu par les crues du Rhône au XVIIe siècle et laissé en l'état. A l'arrière-plan, le palais des Papes rappelle le passé glorieux de la ville, devenue au XIVe siècle la capitale (contestée) du monde chrétien. De l'extérieur, ce palais ressemble à une véritable forteresse ; le contraste n'est que plus saisissant quand on découvre ses aménagements intérieurs, caractérisés par le raffinement tout italien de l'architecture et des décorations, notamment les fresques murales dues à quelques-uns des plus grands peintres du Trecento. Cette vie culturelle brillante se retrouve pleinement aujourd'hui dans le Festival d'Art dramatique créé par Jean Vilar en 1947, qui attire chaque été dans la vieille ville comédiens et spectateurs venus de toute l'Europe.

Sud, champ de lavande Ciel d'une luminosité intense, auquel répond la double stridence des couleurs et du chant des cigales : avec sa nappe lie-de-vin rehaussée de vert et de jaune éclatant, ce champ de lavande en Provence a quelque chose d'un Van Gogh.

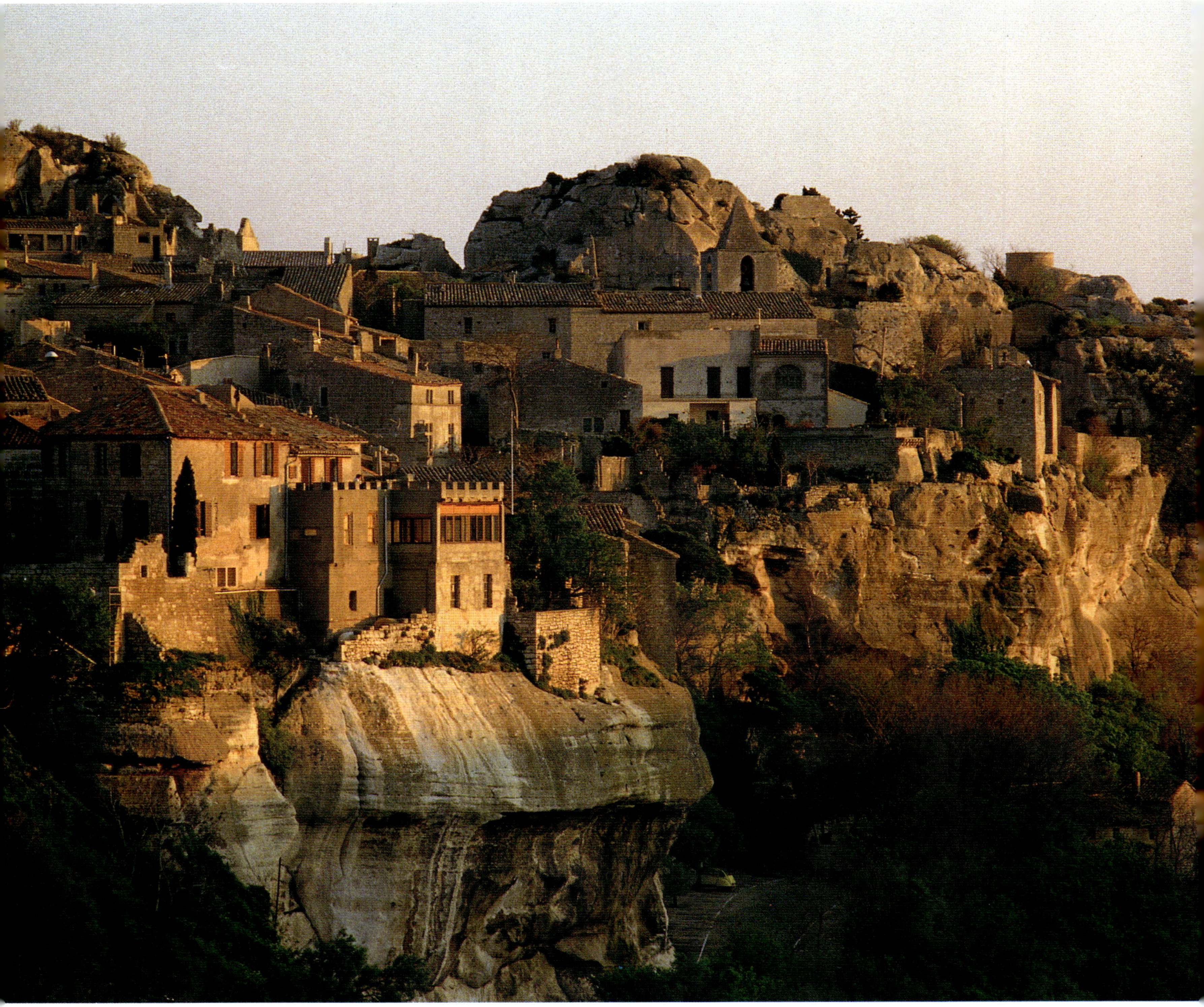

Sud, les Baux-de-Provence Faisant corps avec son piton rocheux comme un nid d'aigle imprenable, l'ancien village fortifié des Baux-de-Provence continue de défier l'espace environnant. Le passé plus que tumultueux de l'endroit se lit à livre ouvert dans sa grandeur sauvage. Ruines du château fort insolemment dressé sur l'à-pic des ravins, édifices communaux et religieux donnant sur des ruelles dont certaines furent taillées dans le roc — il y a là plus que du pittoresque : comme l'affirmation d'une fierté pérenne, qui ne cédera jamais. Et chaque année à Noël, à la messe de minuit, les bergers viennent à l'église Saint-Vincent faire l'offrande d'un agneau nouveau-né...

Au fil des ruelles, dans la partie restée habitée du village, les vieilles demeures témoignent de la splendeur du passé, du temps où les seigneurs des Baux, alliés aux plus puissantes des familles royales européennes, pouvaient orgueilleusement prétendre que l'origine de leur maison remontait à Balthazar, l'un des trois Rois mages de la Nativité du Christ.

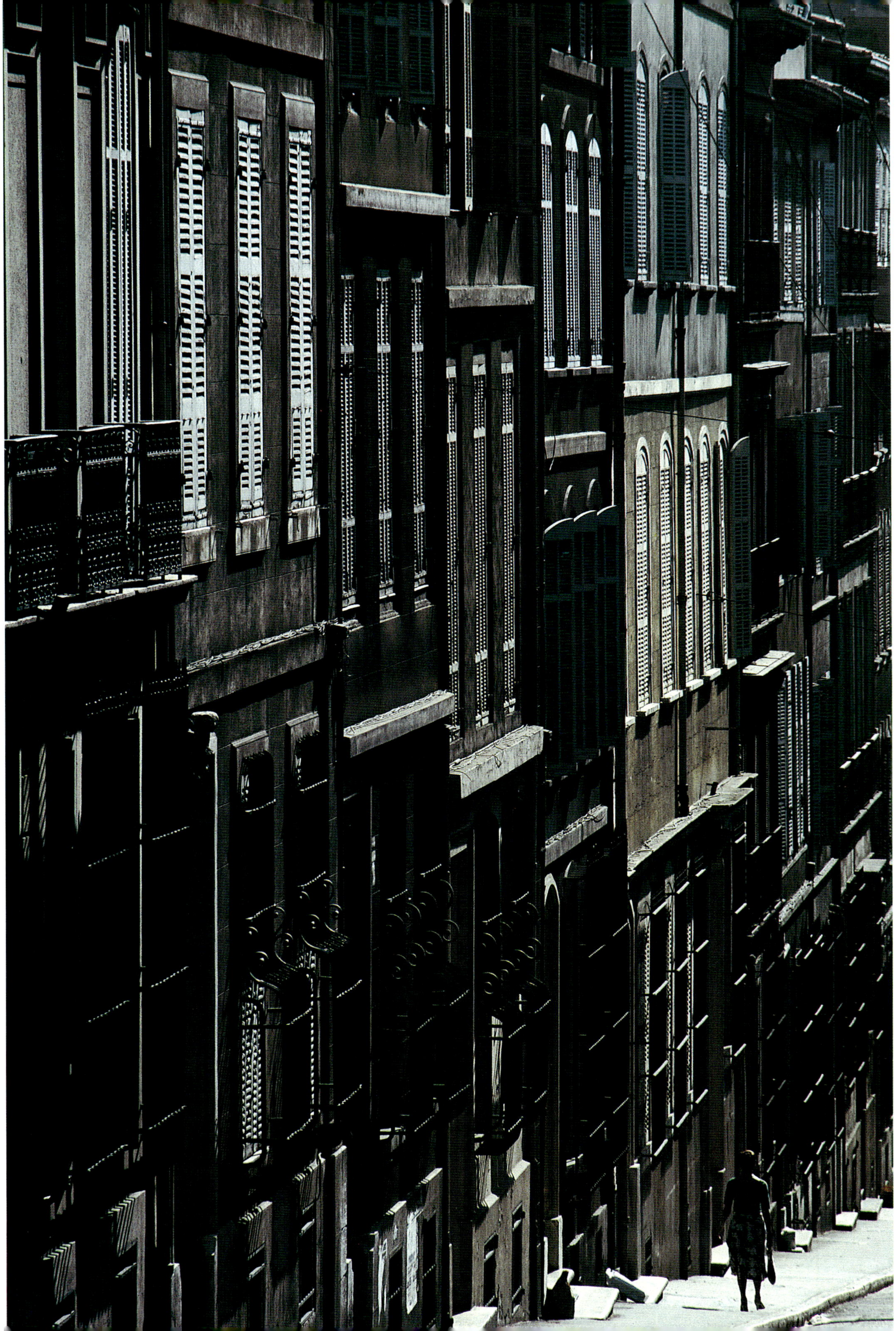

Sud, Marseille L'éclat lumineux du Vieux-Port, les ombres de ses rues en pente descendant sur les quais ou la Canebière, et ses étranges (et rares) moments de silence et de solitude, comme ici, dans un univers habituellement saturé de bruits, de cris, de couleurs, des mille remous d'une foule aux origines, aux langues les plus diverses... Deuxième ville de France, après Paris, premier port du pays, ouverte depuis toujours sur les richesses et les misères de l'Orient, Marseille n'a cessé d'affirmer la turbulente gaîté d'une identité toute cosmopolite. Curieusement, celle qui est l'une des plus anciennes cités de l'Europe occidentale (elle fut à l'origine une colonie grecque fondée par les Phocéens bien avant la conquête romaine), n'a conservé que relativement peu de monuments de sa longue histoire : comme si la ville avait toujours vécu insoucieuse du passé, au rythme d'un éternel présent, excessif comme un coup de mistral, comme un coup de cœur. On peut aimer Marseille à la folie, envers et contre tout. Telle quelle.

Sud, Monaco A l'extrême sud-est de la France, sur son étroite pente rocheuse dégringolant vers la Méditerranée, la minuscule principauté de Monaco déploie verticalement les fastes de son luxe. L'exiguïté de l'espace au sol disponible a été compensée par l'édification des gratte-ciel, l'utilisation du sous-sol (comme pour l'immense aquarium du Musée océanographique) et le remblaiement systématique de la côte, afin de gagner du terrain sur la mer. Jouissant d'un site dont on ne sait trop ce qui le rend le plus paradisiaque, du soleil omniprésent ou d'une fiscalité inexistante, les Monégasques ont réussi à faire de leur ville un haut-lieu du jeu et du tourisme de première classe. Quant à la famille princière, elle fait débonnairement partie de cet univers hors du commun, dont le Français moyen ne déteste pas goûter l'exotisme facile à la rubrique des mariages et des scandales mondains.

C'est d'abord sur le jeu que Monaco a
bâti sa légende, que résume dans le
monde entier le seul nom de
Monte-Carlo. Casino, palaces, villas
somptueuses, jardins fleuris, constituent
le cadre quasi obligé des drames et des
miracles dus chaque nuit aux caprices
de la divine Roulette.

Mais il va de soi qu'on peut préférer,
non loin de là, vers La Napoule, les
beautés diurnes des côtes de l'Esterel, et
la richesse parfaitement naturelle,
sauvage, d'un paysage marin dont on
comprend qu'on ait pu lui donner le
nom envié de Côte d'Azur.

Corse A 170 kilomètres au large de Nice, l'île de Beauté s'enroule dans la chaude parure de ses couleurs et de ses parfums sauvages : pentes montagneuses couvertes de maquis, hautes vallées étroites, côtes rocheuses en à-pic sur une mer d'un bleu limpide… Ile secrète, aussi, à la fierté ombrageuse, partagée (voire déchirée) entre sa fidélité à une intégration française réalisée de longue date, et ses revendications d'autonomie puisant à une tradition également très ancienne.

A l'extrême pointe méridionale de l'île, Bonifacio (*ci-contre*) est une ancienne cité médiévale fortifiée, dont le bastion et les hautes maisons se dressent au-dessus du long goulet menant au port.

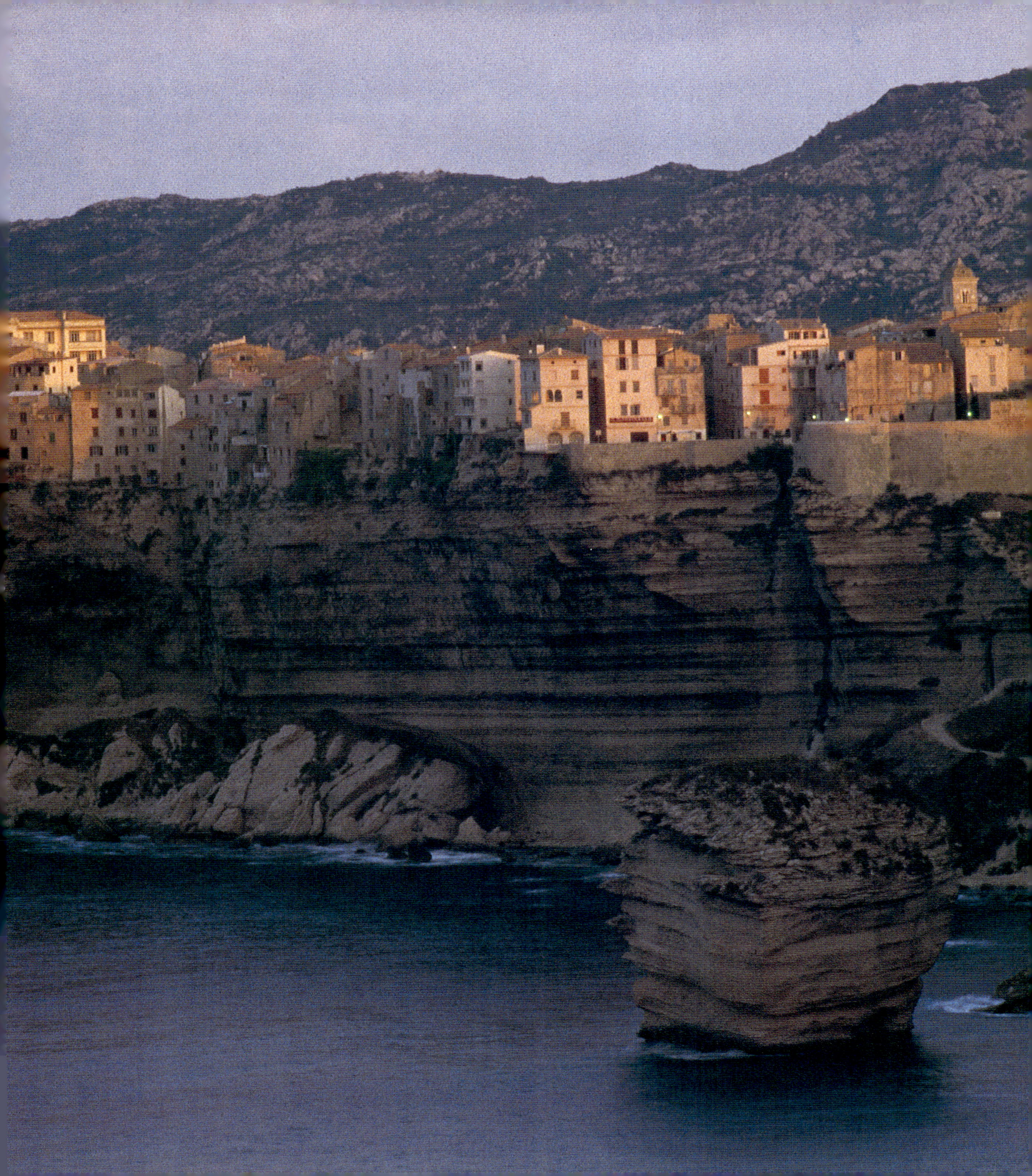

Alpes, Parc de la Vanoise Au cœur de la Savoie, le Parc national de la Vanoise occupe avec ses 53 000 hectares l'ensemble du massif du même nom, jusqu'au sommet de la Grande Casse qui culmine à 3 852 mètres. Menacés d'extinction il y a une trentaine d'années, bouquetins et chamois s'y reproduisent maintenant en paix et leur nombre est en augmentation constante. Mais c'est surtout la flore qui est exceptionnelle, avec plus de 1 000 espèces : sur la photographie reproduite ci-dessus où la Grande Casse apparaît à l'arrière-plan, on reconnaît le pourpre piqueté de rouge foncé du lis mantagon, le bleu velouté de la gentiane, et probablement le jaune d'or de l'anémone soufrée.

Alpes, barrage de Tignes Depuis la fin du siècle dernier, l'industrie alpine a largement tiré parti de ce qu'on appelle la « houille blanche » et de l'énergie hydro-électrique qu'on peut en extraire. De nombreux barrages ont été ainsi édifiés dans les Alpes, comme ici celui de Tignes (dans la Haute Tarentaise), inauguré en 1953 et caractéristique de l'énorme effort de reconstruction et de modernisation entrepris en France à la fin de la Seconde Guerre mondiale. Aménagé sur un petit affluent de l'Isère, et d'une hauteur totale de 180 mètres dont 20 mètres de fondations, sa construction rencontra d'énormes difficultés, notamment dues à la rigueur des conditions climatiques, et dura trois ans. L'ancien village de Tignes (reconstruit un peu plus haut) y est englouti sous ses 230 millions de mètres cubes de réserve d'eau, qui alimentent en aval plusieurs centrales très importantes.

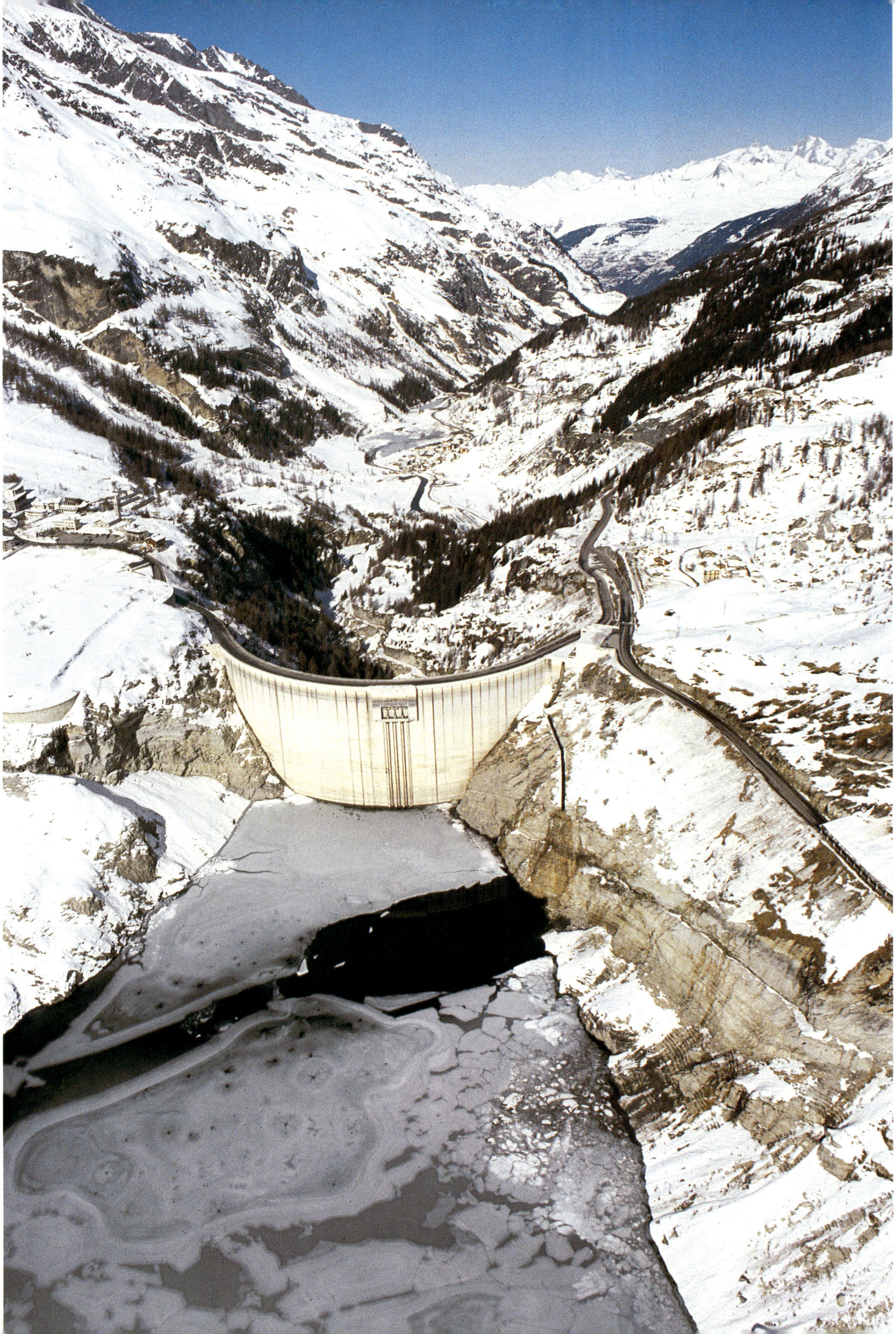

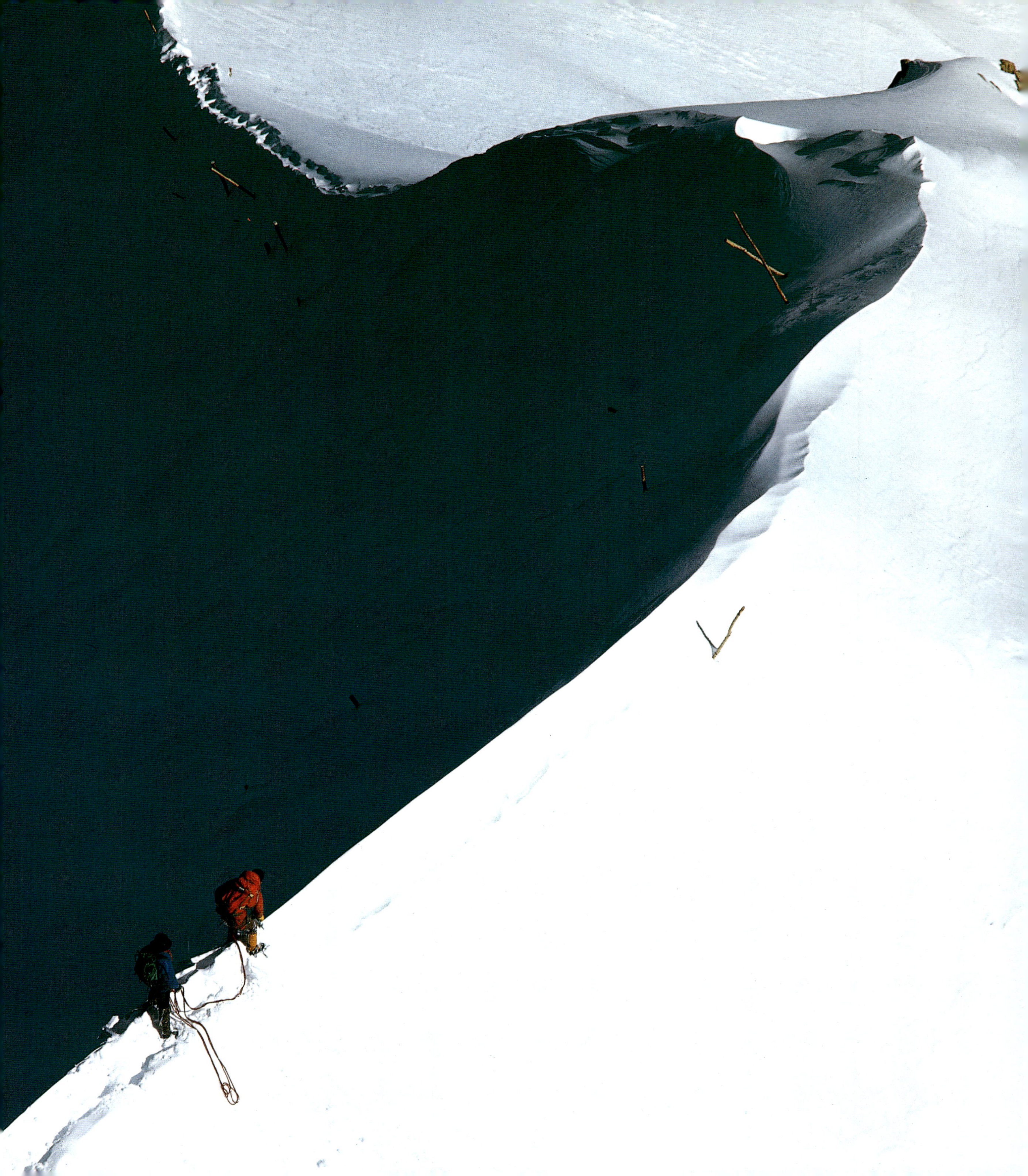

Alpes, Courchevel Entre la Tarentaise et la Maurienne, le massif de la Vanoise bénéficie à la fois d'immenses pentes enneigées et d'un ensoleillement privilégié. Les stations de sports d'hiver s'y sont récemment multipliées, notamment dans les Trois Vallées, comme à Courchevel, avec ses quatre stations échelonnées de 1 300 mètres à 1 850 mètres sur le versant du Doron de Bozel, et ses remontées mécaniques ultra-modernes (*ci-contre* : Courchevel 1850). Tourisme d'hiver, qui fait désormais partie du monde imaginaire du Français moyen, mais aussi tourisme d'été : dans l'air vif des alpages, les vues panoramiques offertes sur les sommets environnants sont magnifiques.

Alpes, Chamonix Plus au nord, au pied du mont Blanc dont le sommet culmine à 4 807 mètres, Chamonix est le véritable centre international de l'alpinisme. On peut bien sûr s'y divertir en simple touriste et monter par le petit train à crémaillère jusqu'à la mer de Glace, ou en téléphérique jusqu'au sommet de l'aiguille du Midi (*ci-dessous*). Mais Chamonix, c'est aussi une célèbre compagnie de guides de haute montagne, avec la pratique de ces grandes ascensions qui relèvent à la fois du sport et de l'aventure, et dont les exploits, depuis la conquête du mont Blanc en 1786, continuent d'alimenter la légende des Alpes.

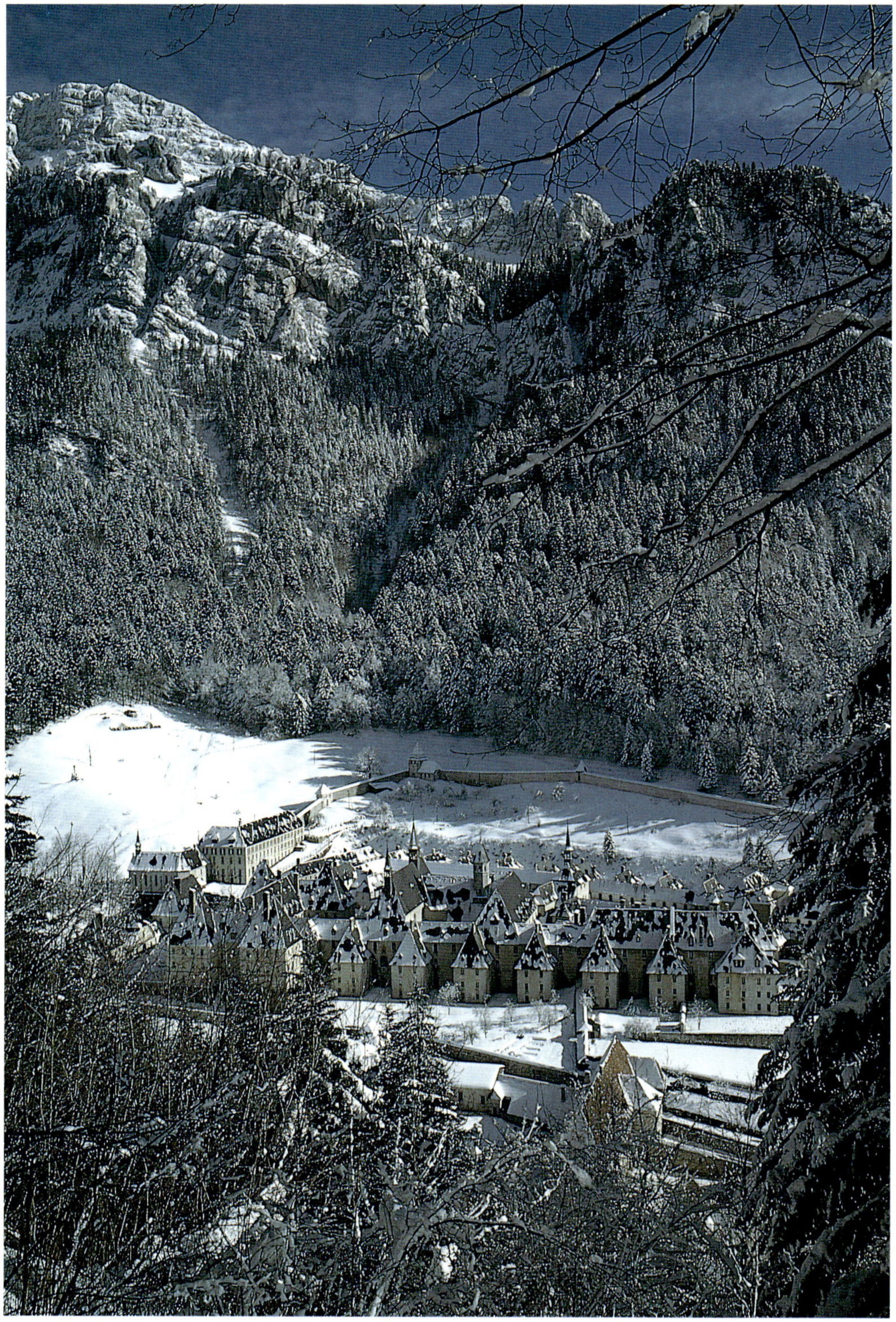

Alpes, la Grande Chartreuse Enfoui au cœur de l'un des cinq grands massifs rocheux des Préalpes, le couvent de la Grande Chartreuse impose majestueusement le silence de son « Désert », dont saint Bruno prit le chemin il y a dix siècles pour y fonder un monastère. Site exceptionnel que celui-là, dans la solitude des forêts d'où émergent d'immenses escarpements calcaires : tout invite ici au recueillement et à la méditation. Lieu de paix et de prière, le couvent, dont les bâtiments actuels datent du XVIIe siècle, ne se visite pas, et c'est très bien ainsi. Au demeurant, le touriste intéressé trouvera un peu plus bas, au Musée cartusien de La Correrie, la réponse aux questions qu'il peut se poser sur la vie de cet ordre dont dix-sept autres Chartreuses existent aujourd'hui de par le monde.

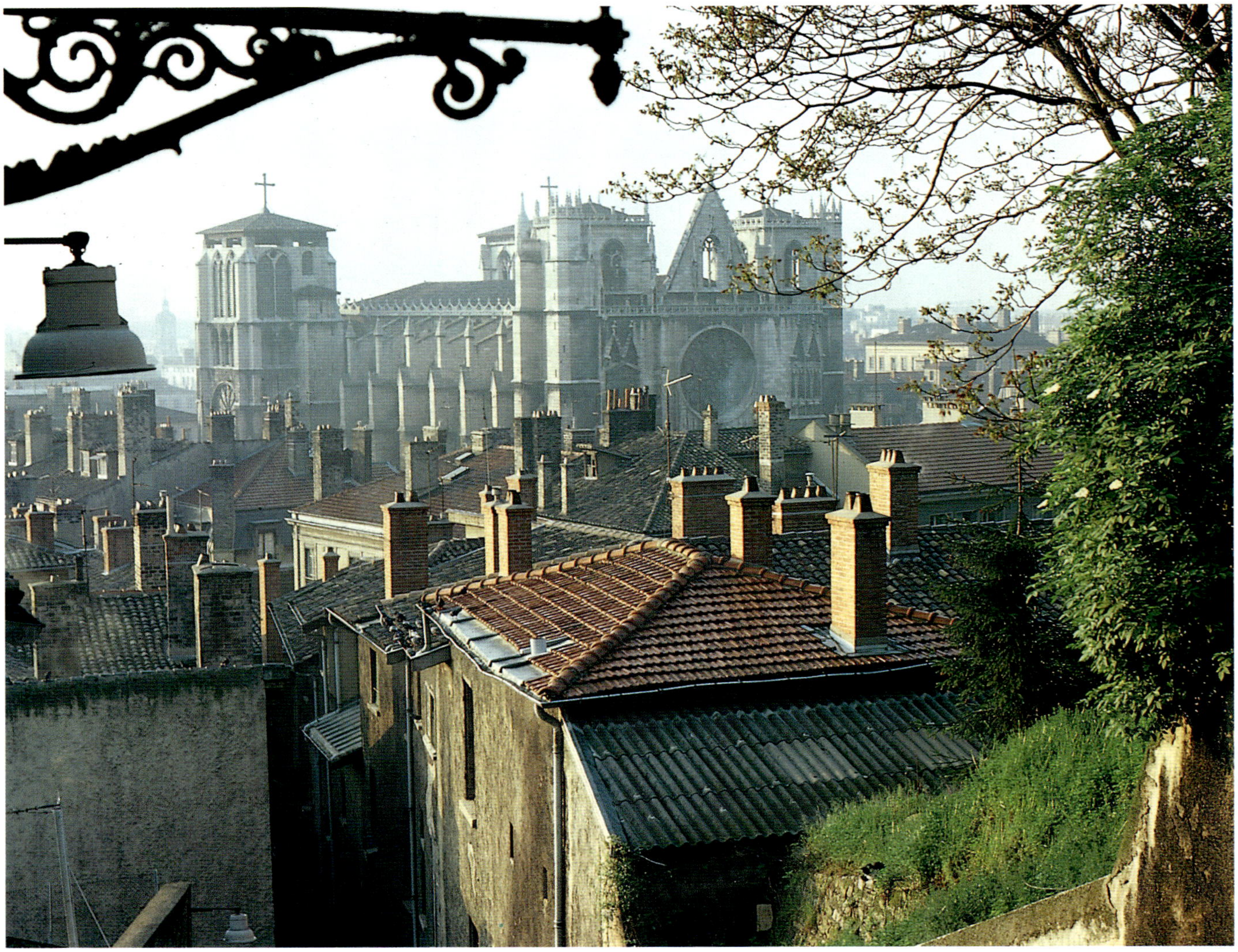

Vallée du Rhône, Lyon Au confluent du Rhône et de la Saône, à la porte septentrionale de ce grand carrefour européen qu'est le sillon rhodanien, Lyon décline ses vingt siècles d'histoire de grande métropole inscrits dans les multiples monuments qui se sont édifiés sur les rives de ses deux fleuves et au flanc de ses collines : celle de Fourvière, avec sa cathédrale Saint-Jean (*à gauche*), et celle de la Croix-Rousse, avec le dédale de ses traboules se faufilant entre les hautes maisons où officiaient au siècle dernier quelques 30 000 canuts. Pendant plusieurs siècles, en effet, Lyon fut la capitale française du tissage, particulièrement de la soie (*ci-contre*). Aujourd'hui, avec sa population qui avoisine le million, c'est une grande ville industrielle et commerciale, à la tête d'une des régions les plus dynamiques de la France moderne. C'est aussi une ville où on sait prendre le temps de vivre (la cuisine lyonnaise jouit d'une réputation hautement méritée), suffisamment éloignée de Paris pour pouvoir affirmer son identité et une autonomie culturelle qui se veut désormais aux dimensions de l'Europe.

Vallée du Rhône, cultures Tout au long de la vallée du Rhône, de Lyon jusqu'en Avignon, vignobles et vergers se disputent les faveurs d'un climat éminemment favorable. La gloire de ces Côtes-du-Rhône, ce sont les vins de la Côte-Rôtie, qu'un soleil déjà ardent enrichit en couleur et en alcool, et que déjà les Romains savaient apprécier en connaisseurs. Sur la rive gauche du Rhône, autour de Vienne et de Valence, ou plus au sud, de Carpentras, se sont multipliées les cultures fruitières (pêches, poires, cerises, melons, abricots et fraises) qui font de la région un immense verger, dont les floraisons printanières accompagnent la longue descente du Rhône vers la Méditerranée de leur poudroiement de fleurs blanches et roses.

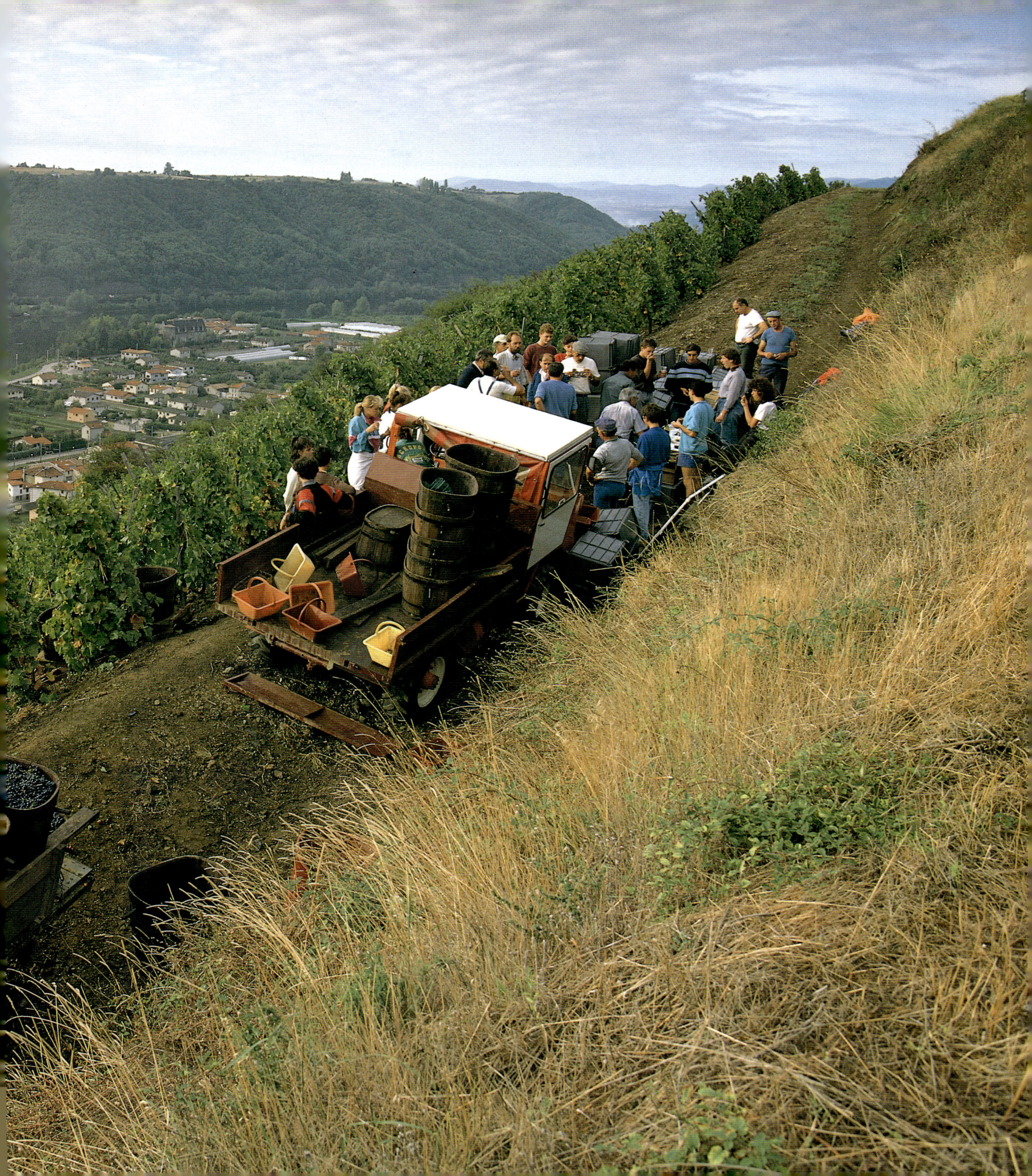

Jura Aux marches orientales de la France, le Jura déploie la magnifique parure forestière de ses monts et de ses vals. Vastes étendues rocheuses, couvertes de hêtres et de sapins, de chênes rouvres, de bouleaux et de charmes : précieuse liberté des grands espaces, au parfum d'aventure, de longues randonnées dans les bois.

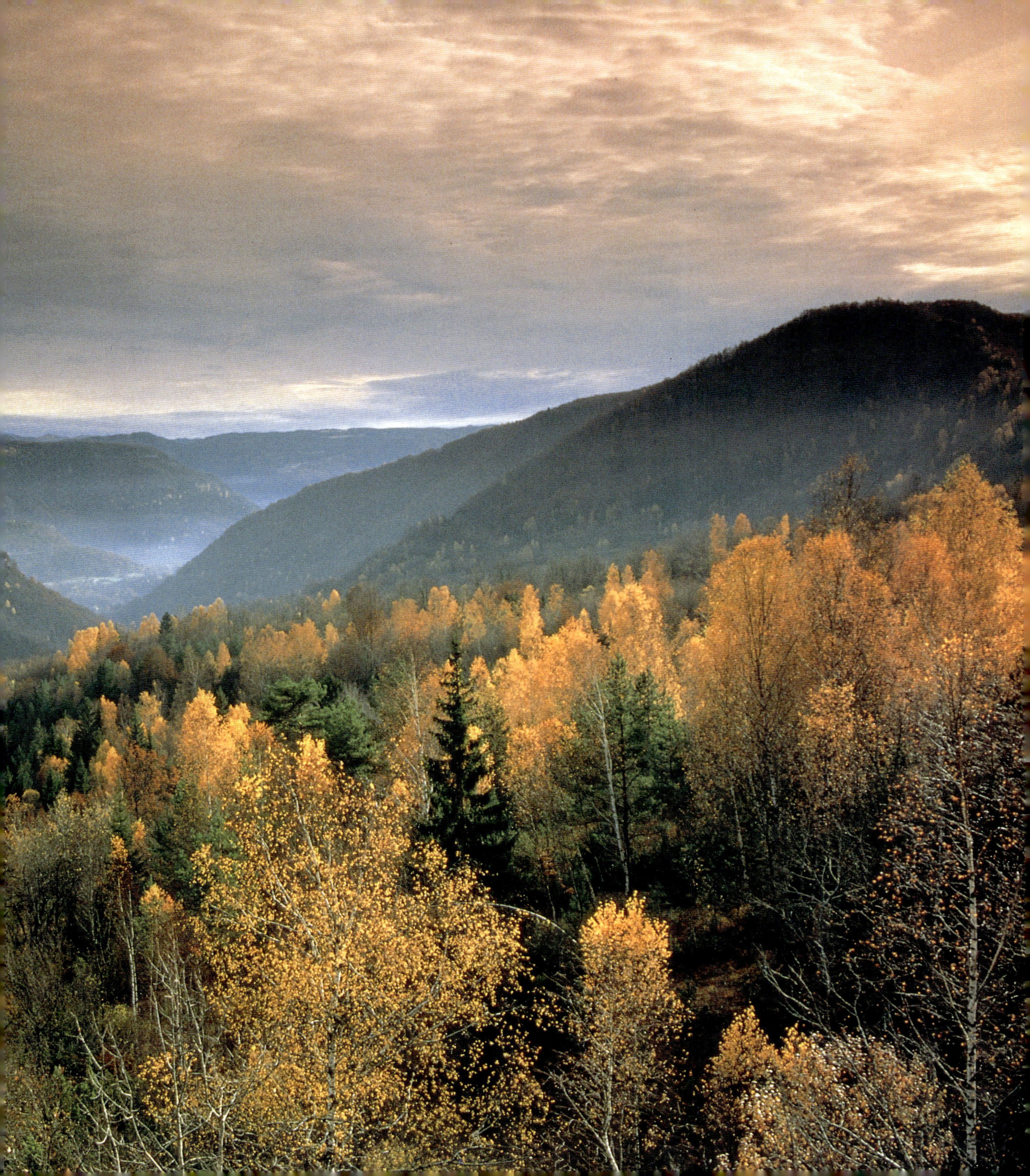

Bourgogne, Meursault et Beaune
Au sud de Dijon, capitale de la riche Bourgogne, s'étend sur une soixantaine de kilomètres un vignoble à flanc de côteau, dont les noms prestigieux s'inscrivent depuis des siècles dans la mémoire de tous les amoureux du vin. Qu'il suffise ici d'en réciter quelques-uns, comme les grains d'un chapelet de jouissance... D'abord la Côte de Nuits, autour de Nuits-Saint-Georges — Chambertin, Clos-Vougeot, Romanée-Conti, vins rouges particulièrement riches et corsés, qui n'atteignent leur pleine maturité qu'au bout de huit ou dix ans. Plus au sud, la Côte de Beaune offre elle aussi de très grands vins rouges (Volnay, Pommard), au bouquet délicat, et plus encore des blancs à la saveur incomparable, comme le Meursault (*ci-contre*) qui possède la rare qualité d'être à la fois sec et moelleux. A la différence du Bordelais (l'éternel rival !) et de ses grands domaines à consonance aristocratique, la petite exploitation viticole rattachée à son village et à sa coopérative reste ici largement représentée.

Au centre de ce vignoble, Beaune et son Hôtel-Dieu (*ci-dessus*), avec ses toits de tuiles vernissées multicolores et ses épis de plomb ouvragés, témoin d'un passé prestigieux du grand duché de Bourgogne qui s'étendait jusqu'aux Flandres. Chaque année, le troisième dimanche de novembre, se déroule la célèbre vente des vins des Hospices de Beaune : c'est l'une des « Trois Glorieuses », journées dédiées à la célébration des vins de la Côte d'Or si bien nommée, au Clos de Vougeot le samedi, et à Meursault le lundi. L'excellence de la gastronomie bourguignonne n'étant plus à démontrer, il ne nous reste probablement qu'à chanter en chœur *Joyeux enfants de la Bourgogne...* !

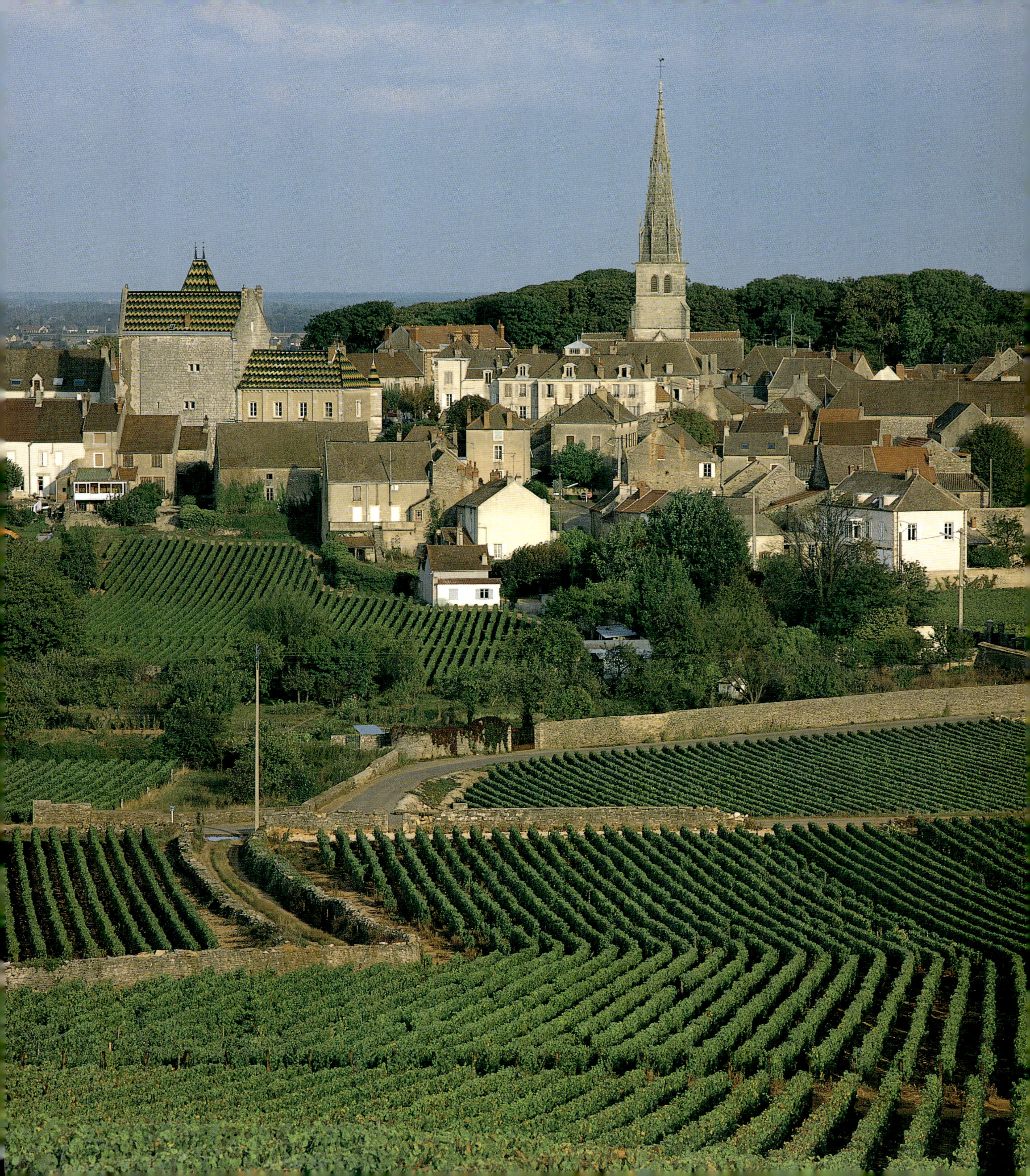

De Rully à Pouilly-sur-Loire Moins connus peut-être que ceux des Côtes de Nuits et de Beaune, les vignobles de la Côte chalonnaise, comme ceux de Mercurey, de Givry, ou du château de Rully, (*ci-contre*), n'en appartiennent pas moins au noble terroir de la Côte d'Or, dont ils constituent la partie la plus méridionale. Non que le voyage s'arrête là : passé la petite rivière de la Grosne, on entre dans le Mâconnais, puis dans le Beaujolais, avec ses crus célèbres jusqu'au Japon — Juliénas, Moulin-à-vent, Morgon, Brouilly...

Bien plus au nord, en remontant vers Paris, la région de Pouilly-sur-Loire est également connue pour ses vins blancs et ses raisins chasselas. Mais on peut aussi aller dans les bois à la cueillette des champignons (*ci-dessus*), dont le climat humide favorise ici la multiplication : ceux-ci sont des oreilles d'orme. L'image de l'oreille se retrouve dans nombre des noms populaires des champignons : oreilles d'ânes ou d'ours, oreilles de chardon ; quant à l'oreille de houx, c'est l'autre nom de la girolle, à laquelle l'omelette baveuse va si bien.

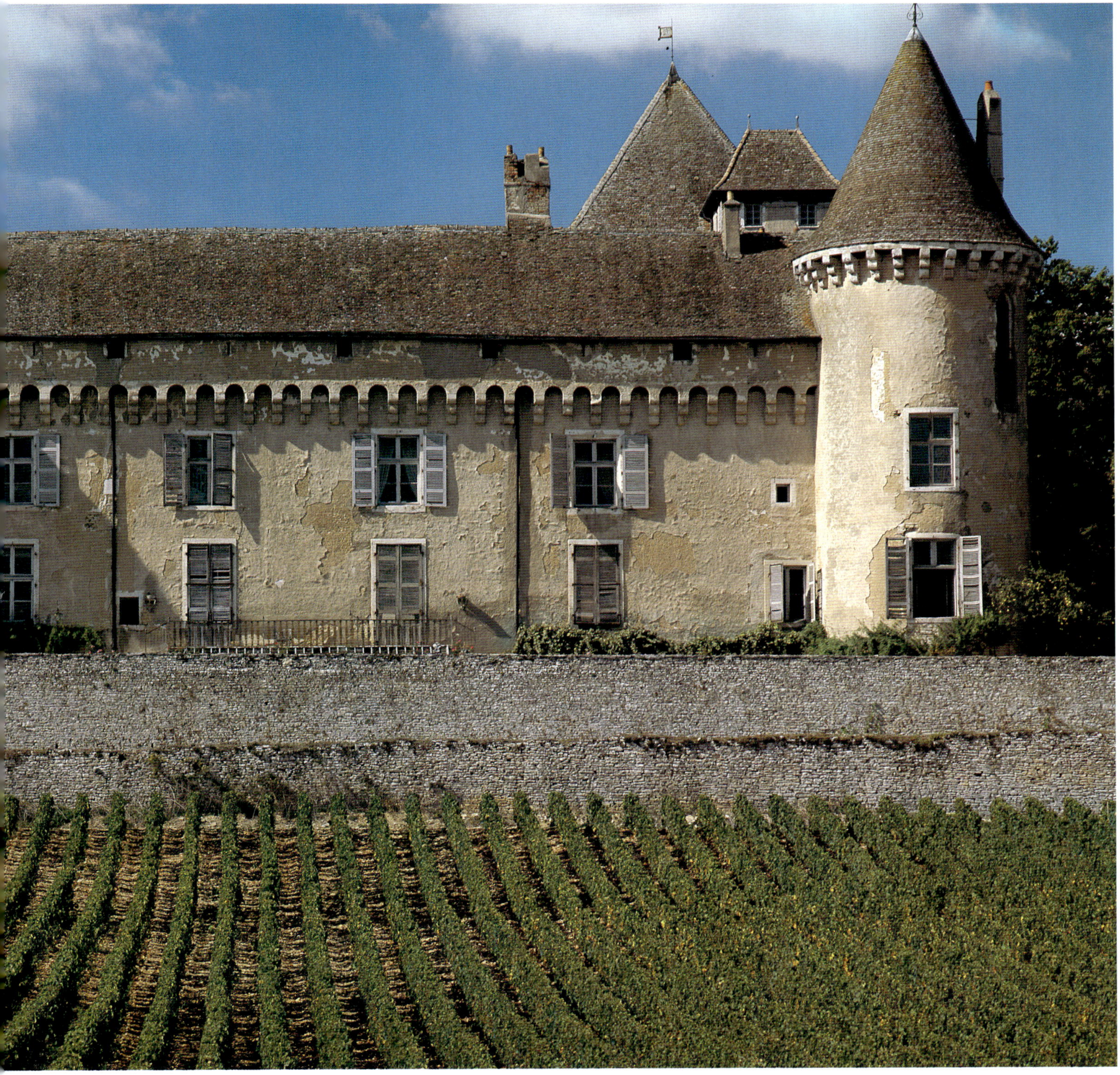

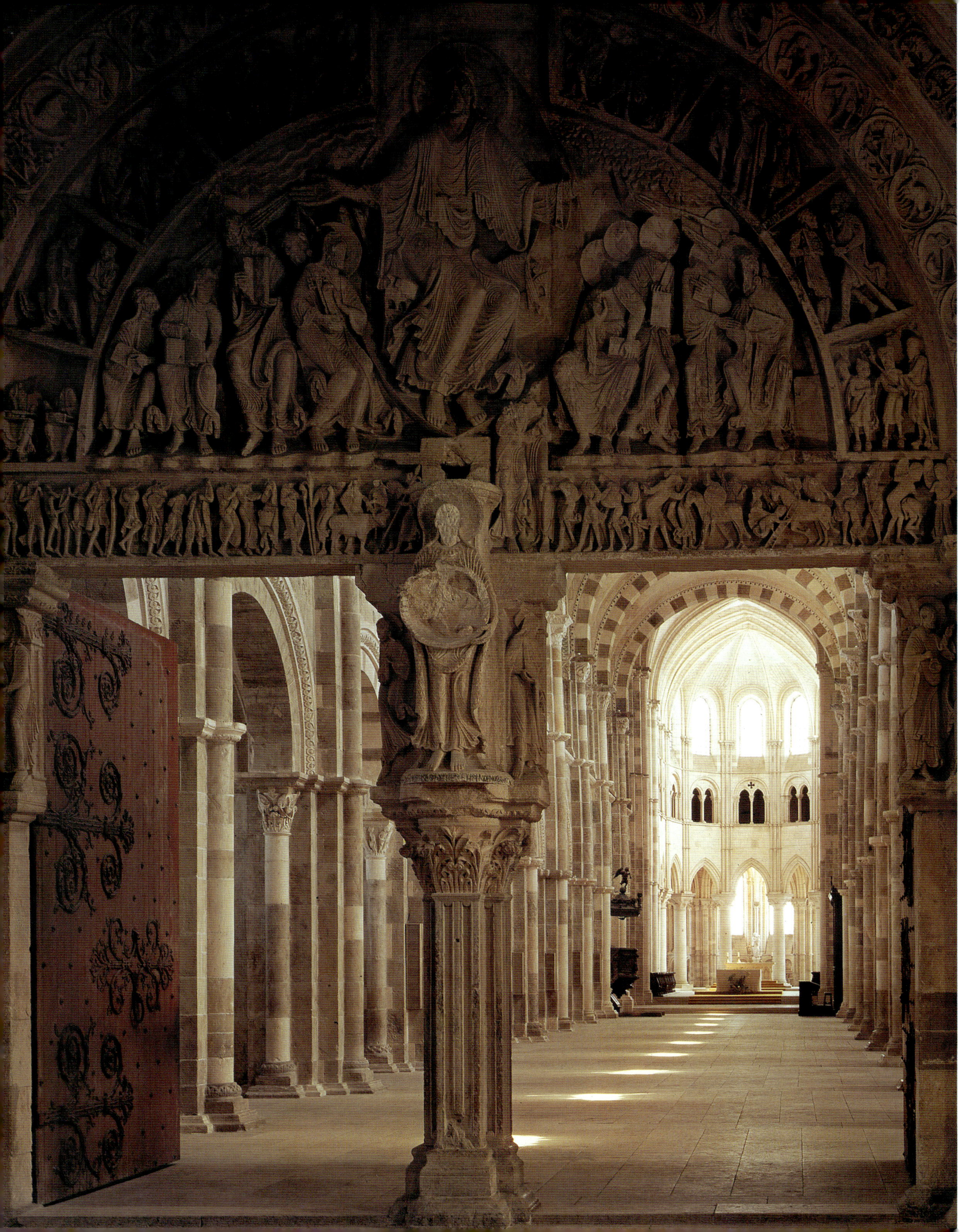

Vézelay Aux confins du Morvan et du Bassin parisien, trônant parmi ses anciens remparts au sommet d'une colline dominant la vallée boisée de la Cure, la basilique Sainte-Madeleine de Vézelay est probablement le plus beau monument de l'art roman bourguignon. Saint Bernard vint y prêcher la deuxième croisade ; lors de la troisième, Philippe Auguste et Richard Cœur-de-Lion s'y donnèrent rendez-vous pour partir ensemble vers l'Orient. Un vaste narthex ouvre par trois portails sur le long vaisseau de la nef et du chœur, irradié de lumière, comme ici, au moment du solstice d'été, quand les reflets des ouvertures latérales viennent s'ordonner sur les dalles, en une procession lumineuse reliant à la croix de l'autel la figure du Christ en gloire sculpté au tympan du portail central.

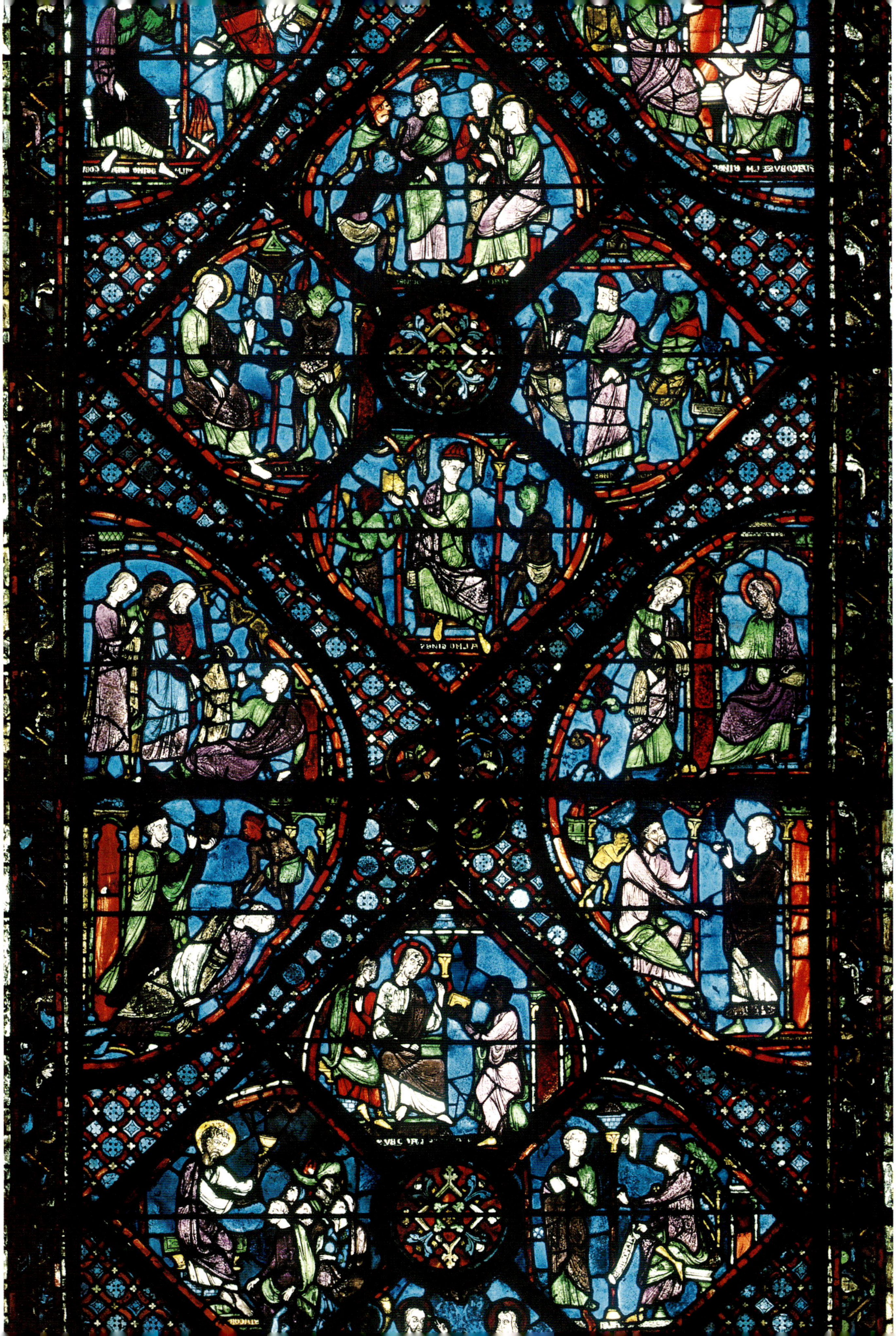

Chartres Dominant la vaste plaine de la Beauce, traditionnel grenier à blé de Paris, la cathédrale de Chartres lance vers le ciel les flèches de ses deux clochers du XII° siècle, le « vieux » et le « neuf ». Premier des chefs d'œuvre de l'architecture gothique en France, la cathédrale est entièrement dédiée au culte de la Vierge, encore célébré aujourd'hui chaque année par les pèlerins venus à pied de Paris. Comme à Reims, la statuaire s'y révèle d'une extraordinaire diversité ; mais la plus grande originalité de Chartres, ce sont peut-être ses merveilleux vitraux, restés miraculeusement intacts, dont on peut admirer, dans leurs médaillons sur fond du célèbre bleu de Chartres, les 5 000 personnages qui illustrent des scènes de l'Histoire sainte ou de la vie des saints.

141

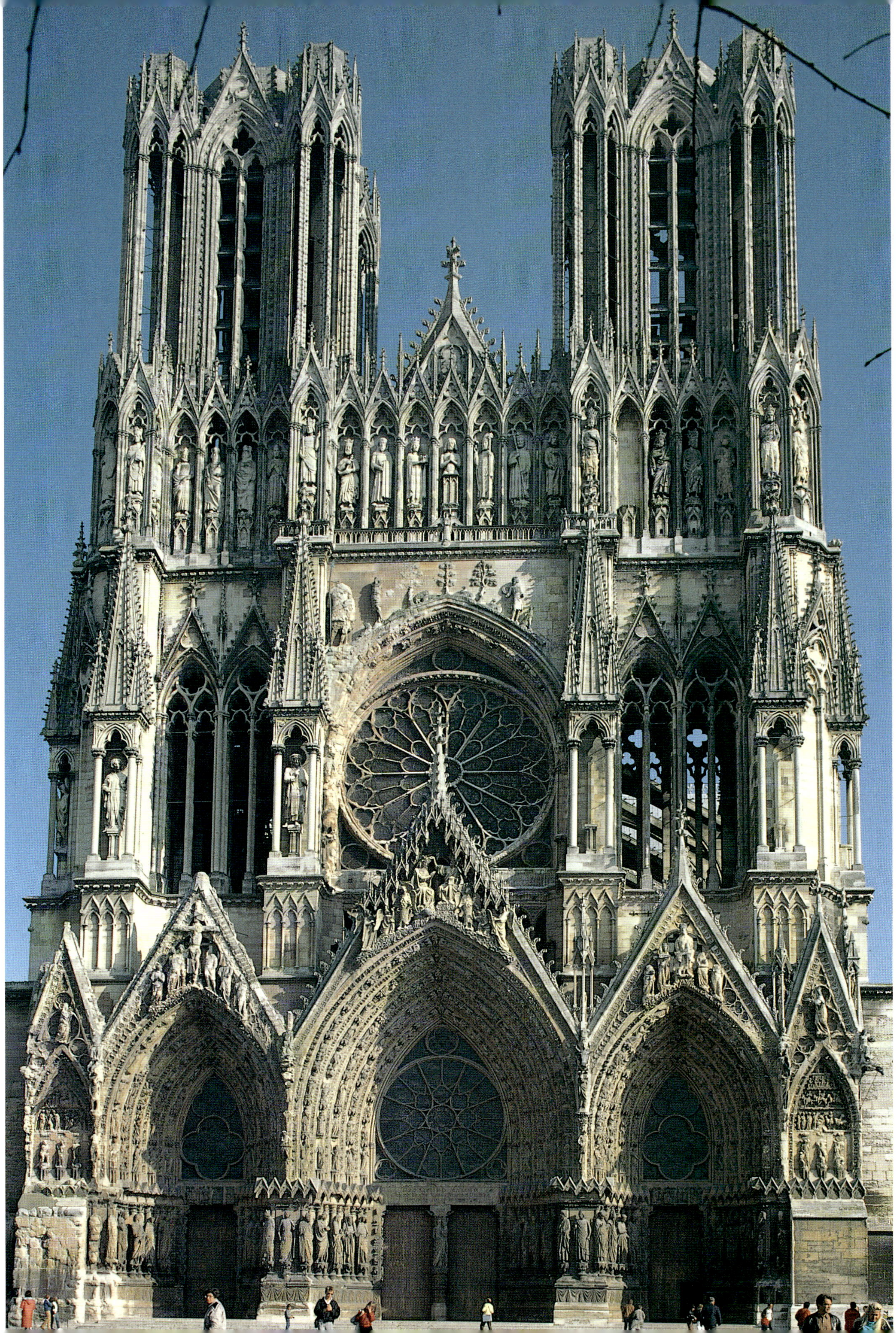

Champagne, Reims Reims n'est pas seulement, avec Epernay, la capitale du champagne. En son centre s'élève une des plus belles cathédrales que l'architecture gothique ait édifiées en France avec celles de Paris, de Soissons, de Chartres ou d'Amiens. Ce qui frappe surtout à Reims, c'est la richesse prodigieuse de la statuaire ornant de ses 2 300 figures monumentales l'extérieur de l'édifice : la galerie des rois, qui aligne au-dessus de la grande rosace ses 56 statues de 4,5 mètres de haut chacune, rappelle notamment que Reims fut à partir de Clovis (au Ve siècle) la ville du sacre des rois de France. Parmi les multiples figures de l'Histoire sainte représentées, qui font d'une cathédrale cette « bible de pierre » que Victor Hugo et Ruskin saluèrent en leur temps, l'Ange au sourire (*ci-contre*) semble vouloir apaiser son voisin, saint Nicaise, premier martyr de la cité au début du Ve siècle, en l'assurant d'une béatitude éternelle.

Index

Aérospatiale 101
Aiguille du midi 124
Albi 102-103
Alpes 122-125
Antique, art 110-111
Apollinaire, Guillaume 33
Arc de Triomphe 27
Architecture 25, 28, 30-33, 34-37, 50, 44-45, 61, 66, 74, 81, 84, 95, 102, 138-143
Arles 110
Armorique 55
Art nouveau 34-35
Auvergne 69, 72
Avignon 112-113

Baux-de-Provence, Les 114-115
Beaujolais 136
Bordelais 89-95
Bourgogne 134-135
Braque, Georges 28, 106
Bretagne 54, 56, 58-61

Cafés 27
Calvados 50
Camargue 108-109, 110
Carnac 60-61
Centre Pompidou 36
Chamonix 124
Champagne 143
Champs-Elysées 27
Charbon 46
Chartres 140-141
Châteaux 4, 6, 40-41, 61-67, 90-91, 137, 140, 143
Chenonceaux 64-65, 66
Cidre 50

Cognac 87
Collioure 107
Colmar 45
Corse 120-121
Côte d'Albâtre 55
Côte d'Azur 119
Côte d'Emeraude 55
Courchevel 125
Cuisine 16-19, 76-77, 96, 129, 134

Défense, la 36
Dijon 134
Dinan 56
Dordogne 74-83

Eiffel, tour 33
Eglises 24-25, 28, 54-55, 70-71, 98-99, 102-103, 106, 138-143
Etretat 55
Eyzies, les 78

Finistère 55
Foie gras 76
François Ier 61
Fromages 19, 96

Garonne - Gironde 89, 91, 92
Gothique, art 24-25, 54, 70, 102-103, 140-143
Grande Chartreuse, la 126-127
Guimard, Hector 34

Halles, les 28, 36
Hospices de Beaune 134

Ile de la Cité 25
Ile-de-France 4-5, 19, 48
Industries 46-47, 100-101, 122

Jardins 4-5, 14-15
Jura 132-133

Landes, les 88
Languedoc-Roussillon 102-107
Lascaux 79
Le Brun, Charles 4, 42
Le Nôtre, André 4, 15, 42
Loire, vallée de la 2, 4, 14-15, 61-67
Louis XIV 6, 41, 42
Lourdes 98-99
Louvre 27, 30-31
Lyon 128-129

Marseille 21, 116-117
Massif central 68-73
Matisse, Henri 106
Métro 28, 34
Meursault 134-135
Molière 4
Monaco 118-119
Monet, Claude 48
Montagne 68-69, 96-97, 122-127, 132-133
Mont Blanc 125
Montmartre 28
Mont Saint-Michel 52-54
Musées 27, 30-31, 36, 38-39, 41, 48, 118, 127

Nîmes 110-111
Nord 46, 47
Normandie 48-55, 57
Notre-Dame de Paris 25-26

Orange 110-111

Parc nationaux 96, 122
Paris 15, 25-39

Peinture 28, 48, 102, 106, 112
Périgord 76, 79, 82
Pétanque 21
Picasso, Pablo 28, 106
Pigalle 28
Poitou-Charentes 84-87
Ports 59, 95, 117
Proust, Marcel 48
Provence 110-119
Pyrénées 94-99

Renaissance 15, 61, 66
Reims 142-143
Rhône, vallée du 128-131
Roman, art 106, 138-139
Roussillon 106

Sacré-Cœur 28
Sarlat 79, 82
Saint-Germain-des-Prés 27, 28
Sculpture 37, 88, 42-43, 70, 102, 140-143
Seine 33
Sites préhistoriques 61, 78-79
Soubirous, Bernadette 99
Strasbourg 45

T.G.V. 89
Toulouse 100-101
Tour de France 22-23
Truffes 76
Tuileries, jardins des 27

Van Gogh, Vincent 28, 113
Versailles 6, 40-43
Vézelay 138-139
Vignobles 76, 86-87, 90-91, 106, 130-131, 134-135, 136-137
Volcans 68-79, 70

Remerciements

Les éditeurs tiennent à remercier les personnes et les organismes suivants qui les ont autorisés à reproduire les photographies de cet ouvrage.
Action Plus : 22 ; Aérospatiale : 100-101 ; Agence Photographique Top (Hussenot-Devaud) : 92, 93 ; Campagne Campagne : 28 ; 32-33, 34, 43, 45, 50-51, 52, 62, 68, 69, 74, 76, 115, 118 bas, 125, 128, 129 ; J. Allan Cash : 16, 118, 124 ; Cephas : 21, 78, 88, 90-91, 130-131, 134, 135, 136-137 ; Bruce Coleman Ltd : 108-109 ; Colorific : 23, 30-31 ; Père Hugues Delautre : 139 ; Lawrence Delderfield : 120-121 ; Explorer : 19, 26, 37 haut, 38, 42, 46, 54, 70, 72, 79, 82-83, 84, 87, 91, 94-95, 96-97, 98, 102, 110-111, 113, 122, 123, 126, 127, 140, 142 ; Susan Griggs Agency : 15 ; Sonia Halliday Photographs : 141 ; Robert Harding Library : 6, 14, 24-25, 27, 29, 35, 36, 37 bas, 110, 117 ; Michael Holford : 40 ; Denis Hugues-Gilbey Collection : 17, 20, 50, 80-81, 85, 86, 143 ; Images : 10-11, 52-53, 60, 61, 64-65, 71 ; Landscape Only : 1, 30, 44, 48-49, 56, 58, 59, 62-63, 66-67, 73, 102-103, 104-105, 106, 107, 112-113, 114, 132-133 ; Magnum Photos Ltd : 2, 4-5, 8-9, 12-13, 18, 21, 55, 57, 75, 76-77, 116 ; SOLLAC, Magnum (Gruyaert) : 47 ; S.N.C.F. - CAV - Jean-Marc Fabbro : 89 ; Viewfinder : 41 ; M. François Walch : 138.
Les éditeurs remercient tout particulièrement l'Aérospatiale et la SNCF ainsi que le Père Hugues Delautre pour leur aimable collaboration.
Documentation : Mireille Fayet-Allard